tutto
FITNESS

Sabrina Leone

tutto FITNESS

100 esercizi per tenersi in forma

GIUNTI DEMETRA

Progettazione e coordinamento editoriale: Giovannella Masini
Progetto grafico e realizzazione editoriale a cura di Edimedia Sas, via Orcagna 66, Firenze
Consulente tecnico: Vito Zaino, docente di Educazione fisica, personal trainer, direttore sportivo presso la A.S. Palestra, Martina Franca (Taranto)

Referenze fotografiche: Archivio Giunti, a eccezione delle fotografie degli esercizi, dello Studio Gasparro, Martina Franca (Taranto), e di quelle alle pagg. 3, 5, 6, 10, 12, 15, 19, 20, 22, 25, 27, 29, 34, 40, 43, 45, 47, 48, 51, 53, 55, 57, 59, 60, 67, 68, 70, 71, 72, 75, 76, 83, 85, 86, 89, 93, 95, 97, 99, 101, 102, 105, 310, 312, 315, 316, 318, 320, 322, 324, 326, 330, 333, 334, 338, 340, 344, 346, 350, 352, 354, 357, 358, 360, 363, 365, 367, 368, 373, 381 di Corbis/Contrasto, Milano.

Si ringraziano la A.S. Palestra di Martina Franca, Taranto (Corso dei Mille 184Q, tel. 080 4834704), per i materiali e le attrezzature fornite, oltre alla disponibilità dimostrata, e Maria Rosaria Carrieri, Anna Leva e Michele Monaco, che si sono prestati per la campagna fotografica.

Avvertenza: prima di cominciare una qualsiasi attività sportiva consultare sempre il medico curante per controllare il proprio stato di salute.

Legenda

☺ cosa fare   ☹ cosa non fare   ★ variante   74 ⇔ 96 esercizi compresi fra...

www.giunti.it

Via Bolognese 165 – 50139 Firenze – Italia
Via Dante 4 – 20121 Milano – Italia

Ristampa	Anno
6 5 4 3 2	2010 2009 2008 2007

Stampato presso Giunti Industrie Grafiche S.p.A. - Stabilimento di Prato

Sommario

Fitness perché

- L'importanza dell'allenamento 14
- Ginnastica: quando e come 16
- Movimento anaerobico e aerobico 18
- Imparare a respirare 21
- Body conditioning: la definizione muscolare 25
- Alimenti buoni e cattivi 28
- L'alimentazione dello sportivo 34

Tempi di digestione 38
Gli integratori 39
Consumi e calorie 39

Allenamento e obiettivi

- Le giuste motivazioni 42
- Le regole dell'allenamento . . 44
- Le fasi dell'allenamento 50

1 La respirazione 53
2 Il riscaldamento 55
3 Lo stretching 58
4 La tonificazione e il potenziamento 60
5 L'attività aerobica 63
6 Il rilassamento 64

- Gli obiettivi da raggiungere 66

1 Mantenimento 69
2 Dimagrimento 70
3 Sviluppo muscolare 72
4 Cardiofitness 74

La palestra in casa

- L'abbigliamento 78
- Gli attrezzi 79

Gli esercizi

- Calcolare il livello di allenamento 88
  - 1 Misurare la resistenza: test di Cooper 90
  - 2 Misurare la velocità: test dei 30 e 60 metri 92
  - 3 Misurare la flessibilità: test di allungamento 93
  - 4 Misurare la forza: test per braccia e gambe . . 96
- Programmare la seduta di allenamento 99
  - Dove 99
  - Quando 100
  - Come 102
- In forma in 15 minuti 105
- Esercizi specifici per gruppi muscolari, fasce di età, obiettivi 106

LIVELLO PRINCIPIANTE

1. Arti inferiori; affondi 110
2. Arti inferiori; squats 112
3. Arti inferiori; plie squats . . 114
4. Arti inferiori; leg extensions 116
5. Arti inferiori; curls 118
6. Arti inferiori; adduttori . . . 120
7. Arti inferiori; abduttori . . . 122
8. Arti inferiori; glutei a terra 124
9. Arti inferiori; calf 126
10. Spalle; press up al muro . . 128
11. Spalle; alzate laterali 130
12. Spalle; spinte in alto con i manubri 132
13. Schiena; spinte indietro . . 134
14. Schiena; trazioni con bastone 136
15. Busto; piegamenti sulle braccia 138
16. Busto; distensione delle braccia sullo step . . . 140
17. Busto; trazioni 142

18. Braccia; curl con i manubri 144
19. Braccia; affondi sui tricipiti 146
20. Addominali; crunch con ginocchio al petto . . . 148
21. Addominali; crunch con un braccio disteso . . . 150
22. Addominali; retroversione del bacino 152
23. Addominali; spinte con retto addominale 154
24. Addominali; torsioni 156
25. Addominali; crunch doppio con gambe su 158

LIVELLO INTERMEDIO

26. Arti inferiori; affondi laterali 160
27. Arti inferiori; squats 162
28. Arti inferiori; plie squats . . 164
29. Arti inferiori; leg extensions 166
30. Arti inferiori; curls 168
31. Arti inferiori; adduttori . . . 170
32. Arti inferiori; abduttori . . . 172
33. Arti inferiori; glutei a terra 174
34. Arti inferiori; calf 176
35. Spalle; press up a terra . . . 178
36. Spalle; alzate frontali 180
37. Spalle; rematore ed estensione 182
38. Busto; flessioni laterali . . . 184
39. Schiena; spinte in alto delle spalle 186
40. Schiena; rematore a un braccio 188
41. Schiena; trazioni dorsali e sollevamento 190
42. Busto; distensioni delle braccia su panca inclinata . 192
43. Busto; distensioni delle braccia da seduti . . . 194
44. Braccia; curl del polso . . . 196
45. Braccia; curl con la barra 198
46. Braccia; curl con la barra a presa inversa 200
47. Braccia; spinte indietro dei tricipiti da seduti 202
48. Braccia; estensioni dell'avambraccio 204
49. Addominali 206
50. Addominali 208
51. Addominali; crunch 210
52. Addominali; crunch 212
53. Addominali; crunch con braccia sopra la testa 214

LIVELLO AVANZATO

54. Arti inferiori; affondi 216
55. Arti inferiori; squats 218
56. Arti inferiori; plie squats . . 220
57. Arti inferiori; leg extensions 222
58. Arti inferiori; curls 224
59. Arti inferiori; adduttori . . . 226
60. Arti inferiori; abduttori . . . 228
61. Arti inferiori; glutei a terra 230

62. Arti inferiori; calf 232
63. Spalle; press up a terra . . . 234
64. Spalle; alzate verticali 236
65. Spalle; alzate laterali con busto in avanti 238
66. Spalle; tirate al mento . . . 240
67. Busto; croce su panca o step 242
68. Busto; pull over 244
69. Braccia; curl avanzato 246
70. Braccia; estensione dei tricipiti 248
71. Addominali; crunch 250
72. Addominali; doppio crunch 252
73. Addominali; crunch incrociato 254

Stretching

74. Arti inferiori 256
75. Arti inferiori 258
76. Arti inferiori 260
77. Arti inferiori 262
78. Arti inferiori 264
79. Arti inferiori 266
80. Arti inferiori 268
81. Arti inferiori 270
82. Arti inferiori 272
83. Spalle 274
84. Spalle 276
85. Spalle 278
86. Spalle 280
87. Braccia 282
88. Braccia 284
89. Mani e polsi 286
90. Mani e polsi 288
91. Busto 290
92. Schiena 292
93. Schiena 294
94. Schiena 296
95. Schiena 298
96. Schiena 300
97. Schiena 302
98. Schiena 304
99. Zona cervicale 306
100. Zona cervicale 308

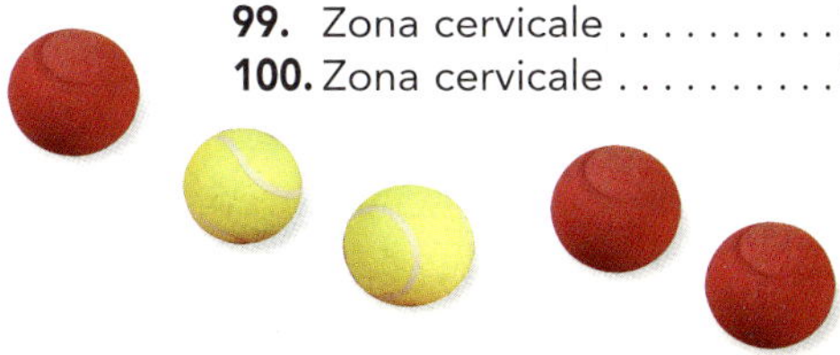

I programmi personalizzati

- Adolescenza 313
- Menopausa 317
- Terza età 319
- Perdere peso 321
- Tonificare le parti rilassate 323
- Potenziare la muscolatura 325
- Elasticizzare lo scheletro . . 327
- Addominali 329
- Cellulite 331
- Glutei e cosce 335
- Cervicale e mal di schiena 339
- In forma dopo il parto 343
- Postura corretta 347
- Muoversi stando in ufficio 351

Le discipline del fitness

- Acquafitness 355
- Aerobica 358
- Fitboxe 362
- Fitwalking 363
- Metodo Feldenkrais 365
- Metodo Alexander 369
- Pilates 371
- Step 374
- Spring energy 374
- Spinning 375

PRONTO SOCCORSO PER TRAUMI DA SPORT 377

Glossario 381

fitness perché

L'IMPORTANZA DELL'ALLENAMENTO

Perché fare attività fisica? Fare sport ci mantiene giovani, più di qualsiasi prodotto di bellezza o di qualsiasi cura miracolosa. Un'attività fisica condotta con moderazione ma regolarità, fin dall'età dello sviluppo, permette all'organismo di mantenersi sano ed efficiente più a lungo, ritardando così la degenerazione dei muscoli, delle articolazioni e delle strutture organiche.

I benefici dell'essere fisicamente attivi sono molti e comprendono:

- **minore rischio di obesità** – cresce l'evidenza che una riduzione dei livelli di attività fisica sia uno dei fattori principali dell'aumento dell'obesità. Parecchi studi dimostrano i benefici di una vita attiva e in buona forma fisica per la prevenzione dell'obesità; in particolare, l'attività pare proteggere dall'aumento di peso tipico della mezza età;
- **minore rischio di malattie cardiache** – le persone che conducono uno stile di vita attivo e che hanno una discreta forma fisica hanno il 50% in meno delle probabilità di sviluppare malattie cardiache rispetto a coloro che svolgono una vita assolutamente sedentaria. Le persone obese che fanno esercizio fisico corrono minor rischio di contrarre malattie cardiache e diabete rispetto a coloro, sempre colpiti da obesità, che non svolgono alcuna attività fisica;
- **diabete** – la mancanza di attività fisica può rappresentare un fattore di rischio per lo sviluppo del diabete di tipo 2. Gli individui molto attivi hanno il 35-50% delle probabilità in meno di sviluppare il diabete. Inoltre, nelle persone affette da diabete, l'esercizio fisico ha dimostrato di contribuire al controllo dei livelli di zucchero nel sangue;

▸ **minor rischio di cancro** – svolgere attività fisica, sia moderata che sostenuta, riduce il rischio di cancro del colon, del colon rettale, dei polmoni e della mammella;

▸ **salute delle ossa e dei muscoli** – un esercizio costante porta ad avere muscoli, tendini e legamenti più forti e una maggiore densità ossea; gli esercizi in cui si deve sostenere il peso del corpo (come, per esempio, la corsa, il pattinaggio e il ballo) hanno dimostrato di migliorare la densità ossea negli adolescenti e di rallentare la perdita di massa ossea che avviene normalmente con l'avanzare dell'età (osteoporosi);

▸ **salute mentale** – numerosi studi dimostrano che l'attività fisica migliora il benessere psicologico, il nostro modo di gestire lo stress e le funzionalità mentali (come la capacità di prendere decisioni, quella di pianificare e la memoria a breve termine), riduce l'ansia e promuove una sana regolazione del sonno. L'evidenza dei test clinici dimostra che l'esercizio può essere utile per curare la depressione. Nelle persone più anziane, l'attività fisica può contribuire a ridurre il rischio di demenza e dell'insorgere del morbo di Alzheimer. Darsi obiettivi realistici strutturando bene un programma d'allenamento (basta mezzora al giorno) ed eseguendolo con impegno e costanza, permette di sviluppare una certa fiducia nella capacità di portare a termine compiti in modo positivo e di acquisire nuove abilità. Mentre si eseguono gli esercizi è importante rivolgere a se stessi frasi di incoraggiamento, come "rilassati", "non mollare, ce la farai!". Ciò permette di accrescere la fiducia in sé e di creare immagini mentali positive. Allenandoci alleniamo, senza accorgercene, la mente: infatti recenti studi hanno dimostrato che l'acido lattico prodotto durante l'attivi-

Concetto fondamentale, da tenere presente quando si intraprende un allenamento è che allenarsi vuol dire ripetere sistematicamente una serie di esercizi, evitando di farlo in modo monotono e forzato, cercando di raggiungere una condizione di equilibrio psicofisico individuale.

tà fisica nutre le cellule cerebrali. L'ossigenazione del corpo, favorita maggiormente dagli sport aerobici, quali corsa, jogging, nuoto, ecc., si riflette positivamente sulla mente migliorandone la capacità di concentrazione, la prontezza di riflessi nonché l'umore. L'attività fisica permette di spingere le prestazioni sempre un po' più in là aiutando a trovare l'equilibrio e accrescendo resistenza, fino a raggiungere uno stato ottimale di energia psichica libera da stress, che permette il contatto profondo con il proprio corpo.

GINNASTICA: QUANDO E COME

Se in passato veniva consigliato un minimo di 20 minuti al giorno di esercizio abbastanza sostenuto, ormai da vent'anni scienziati e professionisti della salute si sono resi conto che questo livello di attività è eccessivo per la maggioranza delle persone. Inoltre, è stato dimostrato che non è necessario lavorare così faticosamente per ottenere i salutari benefici dell'attività fisica.

Le nuove raccomandazioni provenienti da Inghilterra e Stati Uniti suggeriscono regolari periodi di attività fisica a livelli moderati di intensità. Per esempio, una passeggiata di 30 minuti a velocità sostenuta tutti o quasi tutti i giorni della settimana aiuterà a migliorare il benessere sia fisico che psichico. Fare attività per periodi più brevi – 2 o 3 sessioni di circa 10 minuti ciascuna – può essere efficace quasi quanto esercitarsi in una volta sola ed è un impegno più facilmente inseribile nella quotidianità della vita frenetica che caratterizza i nostri tempi.

Per coloro che non amano o che non riescono a programmare un po' di esercizio fisico, può essere altrettanto utile evitare o ridurre il tempo passato a occuparsi di attività sedentarie. Stare semplicemente in piedi per un'ora al giorno invece di guardare la televisione, per esempio, permette di smaltire l'equivalente di 1-2 chilogrammi di grasso all'anno. Le persone obese, però, devono prestare attenzione al tipo di attività fisica che scelgono di intraprendere per evitare danni alle giunture, causate da intense attività in cui è necessario restare in piedi a lungo.
Il nuoto e il ciclismo sono esempi di attività in cui non si sostiene il peso del corpo e rappresentano le scelte migliori per gli individui in forte sovrappeso. È stato dimostrato che l'attività fisica regolare "aggiunge anni alla nostra vita" (riducendo il rischio di malattie e di cattiva salute) e "aggiunge vita ai nostri anni" migliorando la qualità della vita (migliore salute mentale e maggiore flessibilità e vigore).

Con l'avanzare delle ricerche, al ruolo dell'attività fisica verrà data molta più attenzione di quella attribuita negli anni passati, grazie alla sua importanza per il benessere e la salute.

MOVIMENTO ANAEROBICO E AEROBICO

Durante lo sforzo fisico il nostro organismo ha delle reazioni: ossia richiede più ossigeno, aumenta la frequenza cardiaca e respiratoria, aumenta la ventilazione polmonare e la quantità di sangue che il cuore, contraendosi, immette in circolazione.

La distinzione di base è tra attività di tipo anaerobico e aerobico. L'anaerobico consiste in movimenti intensi della durata di pochi minuti (salto e sollevamento pesi), al termine dei quali il soggetto ha contratto un debito di ossigeno. L'aerobico è più lento e prolungato (corsa o nuoto): i muscoli lavorano al di sotto delle capacità massime di trasporto di ossigeno; l'esercizio aerobico è quello indicato per ottenere i maggiori benefici.

Col passare del tempo il nostro corpo si abitua a compiere uno sforzo per cui l'intervallo che occorre per il recupero funzionale diminuisce, e diminuiscono anche i battiti cardiaci e il ritmo respiratorio. Ecco perché, mentre per un individuo non allenato occorreranno 1-2 minuti di riposo tra un esercizio e l'altro, per un individuo allenato basteranno 20 secondi.

L'esercizio fisico costante e mirato rinforza le pareti del cuore che aumentano gradualmente l'afflusso di sangue ai vari organi, migliorandone la funzionalità, e, di conseguenza, la frequenza cardiaca diventa sempre più bassa anche in situazioni di riposo. Col tempo l'individuo allenato sviluppa una maggiore capacità aerobica o cardiovascolare, che non è altro che la capacità di un individuo ad affrontare degli sforzi di diversa entità per tempi prolungati. Tutto ciò contribuisce anche a mantenere la colonna vertebrale flessibile, cosa che porta a un miglioramento della respirazione e di conseguenza rende più efficiente l'esercizio fisico.

In caso di scarsa attitudine al movimento e al corrispondente ampio impiego di macchina o mezzi pubblici è bene proteggere la nostra schiena con cinture elasto-compressive che tendono a mantenerci nel giusto "assetto".

L'energia fornita per effettuare la contrazione muscolare può essere utilizzata contemporaneamente e a varie misure; i sistemi di apporto energetico sono di tre tipi: aerobico, anaerobico lattacido e anaerobico alattacido. Quindi la scelta energetica a cui viene sottoposto il muscolo dipende dall'entità del suo impegno muscolare. Questa sarà determinata dall'intensità e dal tempo di lavoro a cui si sottoporrà il muscolo.

▸ **L'attività aerobica** non è altro che il lavoro muscolare in equilibrio tra consumo e reintegro delle sostanze energetiche. È tipico di attività di lunga durata (maratona, ciclismo, sci di fondo ecc.) ed è effettuato in presenza di ossigeno per la sintesi dei glicidi e degli acidi grassi.

▸ **Il sistema anaerobico alattacido** è molto intenso e può essere svolto per un brevissimo tempo (circa 8-10 secondi); viene utilizzato per sforzi massimali (sollevamento pesi) ed è legato al numero di accumulatori energetici già presenti all'interno della cellula muscolare (creatinfosfato). Quest'energia di pronto utilizzo non ha bisogno di ossigeno e non produce acido lattico: quindi una volta esaurita, per continuare il lavoro, deve per forza richiedere l'aiuto di altri sistemi energetici, quali l'anaerobico lattacido.

▸ **L'anaerobico lattacido** è il sistema energetico di medio-alta intensità che viene a essere interessato in tante azioni quotidiane; la durata della sua azione si concentra in 45 secondi/1 minuto circa. Il suo utilizzo è evidenziato dalla produzione dell'acido lattico prodotto dalla scissione dei glicidi (glicolisi anaerobica) come elemento di scarto dell'energia prodotta in assenza di ossigeno. Ne deriva un senso di fatica e rallentamento della contrazione muscolare che in alcuni casi, quando la produzione è alta, non viene smaltito dal fegato e blocca la contrazione muscolare provocando il crampo.

IMPARARE A RESPIRARE

Tutti sappiamo per esperienza quanto sia importante respirare, ma in realtà quanto conosciamo la nostra respirazione? Per conoscere meglio la respirazione, dobbiamo partire dall'osservazione del nostro stile personale di respirare e migliorarlo anche attraverso semplici esercizi. Se notiamo, quando respiriamo coinvolgiamo diversi organi; di questi ci accorgiamo, per esempio, tutte le volte in cui abbiamo un raffreddore (basta il naso chiuso per renderci conto dell'importanza di questa parte del corpo). Tali organi sono definiti "vie aeree" perché permettono di condurre l'aria ai polmoni, che rappresentano il vero e proprio organo respiratorio.
Respirare con attenzione ci può portare a risvegliare la forza interiore che ognuno di noi possiede, aiutandoci a migliorare sia il corpo che la mente. Attraverso la respirazione apportiamo ossigeno al nostro corpo ed espelliamo le sostanze tossiche che abbiamo prodotto, per cui si deduce che, aumentando la quantità d'aria immessa nel nostro corpo, aumentano i benefici, in quanto l'aria fornisce energia sfruttabile immediatamente. Sia il corpo sia la mente, per ben funzionare, hanno bisogno di ossigeno. Ma attenzione, l'ossigeno non può essere immagazzinato, deve essere rifornito continuamente e in modo regolare, per questo respirare bene è molto importante!
Purtroppo la maggior parte di noi utilizza soltanto un terzo delle reali capacità respiratorie a disposizione, ma allora che cosa ci impedisce di respirare bene? La mancanza di moto è una delle principali cause di carenza di ossigeno nel sangue, ma anche quando si pratica uno sport è bene eseguire una respirazione corretta. In questo caso è bene farsi

L'uomo adulto, a riposo, assorbe in media 400-500 litri di ossigeno nelle 24 ore ed espelle 300-400 litri di anidride carbonica.
Nell'uomo adulto la frequenza degli atti respiratori è di 16-20 al minuto.

consigliare da istruttori esperti e qualificati. Per abituarci a respirare bene, è fondamentale la pratica di corrette tecniche respiratorie unite a un costante allenamento, per ripetere semplici esercizi che col tempo possono rivelarsi molto utili. Gli atti respiratori sono fondamentalmente due:

- **l'inspirazione**, con cui si immette l'aria nel nostro corpo; può essere visto anche come momento in cui comunichiamo col mondo;
- **l'espirazione a seguire**, con cui eliminiamo l'aria che abbiamo utilizzato, per cui consciamente o inconsciamente ci rilassiamo. Se respiriamo a fondo svuotando l'addome e il torace, impareremo di conseguenza a inspirare a fondo.

Comunemente la respirazione s'identifica in quattro tipologie:

- **la respirazione alta**, che è quella che utilizziamo nelle attività sedentarie: è una respirazione veloce e poco profonda, è inviata aria soltanto nella parte alta dei polmoni;
- **la respirazione media**, che permette di immettere una quantità leggermente superiore di aria perché entra in gioco anche la parte mediana dei polmoni;
- **la respirazione bassa**, cioè quella che facciamo dal medico quando ci dice di fare un bel respiro e quindi i polmoni sono coinvolti in modo più esteso;
- **la respirazione totale**, che coinvolge integralmente i polmoni e tutti i muscoli della gabbia toracica.

Non sempre adoperiamo la respirazione totale, di seguito presentiamo due semplici esercizi per abituarsi a respirare profondamente.

Esercizio di respirazione 1: il respiro totale

1. Inspiriamo lentamente dal naso, pensando di portare l'aria fino sotto l'ombelico. Così facendo riempiamo di aria la parte inferiore dei polmoni e, contemporaneamente, lo stomaco comincerà a elevarsi come un palloncino.
2. Senza interrompere il respiro, continuiamo a elevare lo stomaco ed espandiamo la cassa toracica riempiendola d'altra aria.
3. Infine, facciamo in modo che il respiro riempia anche la parte superiore dei polmoni, sollevando ancora la gabbia toracica. Tutto questo va fatto senza esagerare né forzare, in 5 secondi circa.
4. Ora tratteniamo per qualche secondo il respiro, per dare ai polmoni il tempo di assorbire tutto l'ossigeno contenuto nell'aria che abbiamo appena respirato; man mano potremo prolungare questo tempo.
5. Cominciamo a mandare fuori l'aria seguendo il percorso inverso: iniziamo con il contrarre dolcemente la parte inferiore dello stomaco per spingere fuori l'aria che trascinerà con sé tutta la rimanente. Mentre la parte inferiore dei polmoni si svuota, la cassa toracica si sgonfia lentamente. Tutto deve avvenire con molta lentezza e pazienza.
6. Ora possiamo fare una piccola pausa, prima di iniziare una nuova respirazione.
Con il tempo diventeremo esperti e riusciremo nell'esercizio con facilità.

Quando facciamo un'inalazione contro il raffreddore, ricordiamo che è bene respirare nella seguente maniera: inspiriamo lentamente dalla bocca ed espiriamo dal naso, poi alterniamo, inspiriamo dal naso ed espiriamo dalla bocca.

Esercizio di respirazione 2: il respiro da scavatore

1. Mettiamoci in piedi con le gambe divaricate senza esagerare.
2. Mentre cominciamo la respirazione totale, solleviamo lentamente le braccia verso l'alto.
3. Ora tratteniamo il respiro, sempre tenendo le braccia in alto, ci allunghiamo leggermente all'indietro, per allungare la colonna vertebrale.
4. Ci flettiamo in avanti, portando la testa all'altezza delle ginocchia e cominciamo a mandare fuori l'aria a piccoli soffi, a ogni soffio le braccia scendono un po' di più fra le gambe.
5. Quando abbiamo svuotato tutta l'aria, iniziamo a inspirare risalendo piano e ripetiamo il tutto dall'inizio.

Questo è un esercizio molto semplice e assomiglia a quelli che si fanno spesso in palestra. Si può adottare e ripetere ogni volta che abbiamo bisogno di "ossigenarci" per riprendere al meglio il nostro lavoro.

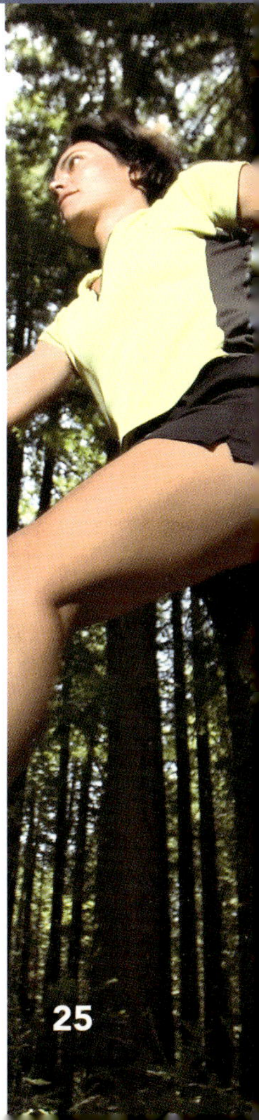

BODY CONDITIONING: LA DEFINIZIONE MUSCOLARE

Il condizionamento muscolare è la capacità di allenare i propri muscoli a un grado di contrazione diversa da quella normale, ottenendo una migliore risposta neuromuscolare (tono), una migliore resistenza (*endurance*) e un miglior stato nutrizionale (trofismo). L'allenamento di condizionamento muscolare può essere diviso in due grandi famiglie:

- **allenamento a carico naturale**, quando si utilizza un segmento corporeo (sollevare un braccio) o il proprio corpo (saltare, correre);
- **allenamento con sovraccarico**, quando viene utilizzato un corpo esterno (peso).

Quando si applicano dei sovraccarichi, bisogna tener presente alcuni principi fondamentali per evitare l'insorgenza di traumi, soprattutto a tendini e legamenti, che innescano facilmente processi infiammatori. Mentre le cellule muscolari si adattano velocemente a minori o maggiori segnali di tensione provenienti dal sistema nervoso, i tendini e i legamenti, per sopportare adeguatamente e stabilmente un carico, debbono far leva solo sulla struttura dei loro tessuti, e non sui meccanismi nervosi; e quindi è necessario attendere che avvengano le necessarie modificazioni biologiche per sopportare nuove e più elevate tensioni. Ne consegue che su un determinato carico bisogna sostare un certo numero di giorni (almeno 10-15) prima di aumentarlo, anche se la muscolatura sarebbe in grado di farlo, al fine di dar tempo anche a tendini e legamenti di adattarvisi. Insomma, il carico deve crescere non linearmente, ma "a scalino". Uno schema possibile potrebbe essere questo, per ogni esercizio: iniziare con un peso che permetta l'esecuzione di 8 ripetizioni; sempre con lo stesso peso,

Più si lavora in armonia con il proprio corpo, maggiori e più evidenti saranno i risultati.

dopo alcuni giorni, passare a 10 ripetizioni, quindi a 12. Solo a questo punto, ossia dopo circa 2-3 settimane, secondo il soggetto, il peso viene aumentato, tornando però a eseguire 8 ripetizioni per serie. Nel periodo in cui il peso è rimasto costante, i tendini hanno potuto sviluppare un normale adattamento.

▸ **Ritmo di esecuzione degli esercizi.** Variare il modo di eseguire un esercizio, significa variare in maniera decisiva l'effetto che questo esercita sulla muscolatura e sul sistema circolatorio. Quando un muscolo si contrae, i vasi arteriosi e venosi subiscono l'effetto meccanico della pressione dovuta alla contrazione, che ne blocca il flusso sanguigno all'interno del muscolo. Durante il rilassamento successivo, il sangue riprende a circolare irruentemente, tornando a invadere il ventre muscolare (la parte centrale del muscolo). Se la durata della tensione è piuttosto lunga, oltre i 30-40", si accumulano alte quantità di acido lattico, che in assenza di ossigeno, impediscono la combustione degli zuccheri e dei grassi. L'indicazione di massima è, dunque, che per principianti e soggetti affetti da problemi circolatori il comportamento più corretto sia applicare una pausa a ogni ripetizione oppure non superare i 10-15" di contrazione. Viceversa, se i soggetti dovranno stimolare la resistenza del muscolo all'acido lattico, il lavoro si produrrà per circa 30-40" e senza pause.

Spesso, invece, succede che, nella scelta dell'allenamento, si dia importanza solo al tipo di esercizio, al numero di ripetizioni, di serie e alla successione di questi, ma non al ritmo esecutivo di contrazione e decontrazione, ottenendo, come risultato, un peggioramento. Durante l'allenamento vengono svolti esercizi specifici dalla stazione eretta, in quadrupe-

dia, in decubito laterale, prono e supino. Il primo obiettivo è migliorare lo stato tono-trofico di quei gruppi muscolari preposti al mantenimento di una postura corretta (muscoli paravertebrali, dorsali, glutei e quadricipiti). Il secondo obiettivo è quello caro a tutte le donne, vale a dire l'eliminazione degli inestetismi femminili, tonificando le parti del corpo in cui si deposita di più l'adipe in eccesso. I due obiettivi possono essere riassunti con un unico lavoro muscolare, la definizione muscolare, cioè determinare la percentuale ottimale di grasso corporeo individuale (massa grassa) e quella dei tessuti muscolari (massa magra). Il *Body conditioning* è la tecnica più usata nelle palestre ed è una componente fondamentale di tutte le lezioni di ginnastica. Il lavoro di *Body conditioning* può essere eseguito a corpo libero (solo peso corporeo), oppure con l'ausilio di piccoli attrezzi.
L' importanza della forma di un muscolo non dipende tanto dalla sua classificazione anatomico-morfologica, quanto, dal numero dei punti di origine o inserzione, che questo ha e dalle sue traiettorie di accorciamento. Questa prerogativa è utile per capire come la ginnastica possa intervenire sull'estetica dei volumi del corpo, per migliorarne le proporzioni o per attenuare alcuni difetti, anche di tipo scheletrico. Le spalle eccessivamente strette, per esempio, possono guadagnare fino a 6 cm di larghezza, ottenibili sviluppando adeguatamente i capi acromiali (centrali) dei muscoli deltoidi. Questo obiettivo è raggiungibile eseguendo esercizi di abduzione delle braccia semi-tese, non oltre l'altezza delle spalle, impugnando dei manubri ed evitando accuratamente di ruotare le braccia verso l'alto, come invece verrebbe spontaneo fare. È altrettanto vero che sviluppare i capi muscolari sbagliati può accentuare i difetti estetici del fisico.

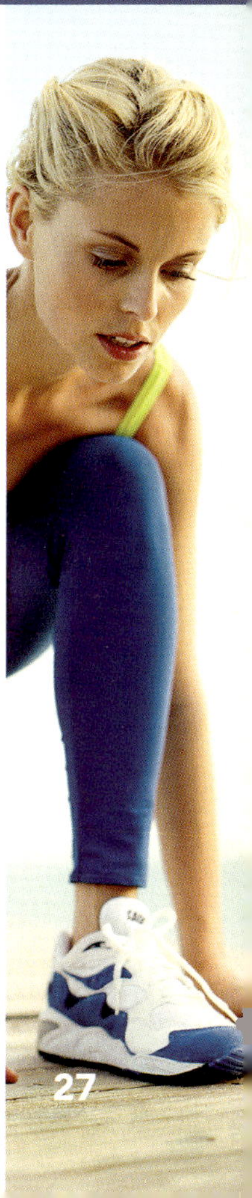

ALIMENTI BUONI E CATTIVI

Alcuni alimenti sono detti "protettivi", indipendentemente dal loro valore plastico ed energetico, in quanto hanno notevole importanza per il normale svolgimento dei processi metabolici. Questi sono: i cereali, i legumi, i prodotti ortofrutticoli, il latte, i formaggi, le uova, la carne in genere, i prodotti della pesca. Devono la loro azione protettiva al contenuto di vitamine, elementi oligodinamici, aminoacidi e acidi grassi essenziali. Alcuni alimenti sono chiamati "nervini", in quanto agiscono stimolando il sistema nervoso centrale e, tramite questa azione, influiscono sui processi di digestione e di assorbimento degli alimenti. Sono: tè, caffè, cacao, alcol. Esistono, poi, i "condimenti": tra questi si trovano alcuni alimenti veri e propri (grassi, oli, sale, zucchero, miele, ecc.), le sostanze aromatizzanti (aceto, prezzemolo, basilico, rosmarino, lauro, origano, ecc.) e le spezie (pepe, senape, cannella, noce moscata, chiodi di garofano, zafferano, peperoncino, ecc.). Ci nutriamo, dunque, di alimenti e viviamo di principi nutritivi che contengono glucidi, protidi e lipidi, che danno calorie, nonché acqua, minerali e vitamine, che non danno calorie. Il complesso delle "demolizioni" e trasformazioni alle quali vanno incontro gli oli, gli acidi grassi, il glicerolo, gli aminoacidi presenti negli alimenti come glucidi, semplici o complessi, o come lipidi, o come proteine e divenuti più semplici col processo digestivo, è detto catabolismo. Da prodotti intermedi e finali del catabolismo partono processi costruttivi o biosintetici detti anabolismo. Anabolismo e catabolismo nel loro insieme formano il metabolismo (sinonimo di trasformazione). Un'alimentazione equilibrata dovrebbe tenere presenti i seguenti suggerimenti:

Per un'alimentazione equilibrata

	impiego	da preferire
latte e yogurt	tutti i giorni	latte parzialmente o totalmente scremato, yogurt magro bianco o alla frutta
formaggi	2-3 volte alla settimana	formaggi freschi tipo mozzarella, certosino, ricotta vaccina
carne	3-4 volte alla settimana	carni magre tipo vitello, petto di pollo o di tacchino, cavallo, coniglio magro, roast-beef, carpaccio, maiale magro (lonza o filetto)
pesce	2-3 volte alla settimana	pesci magri freschi o surgelati tipo merluzzo, nasello, dentice, orata, trota, palombo, rombo
salumi	1-2 volte alla settimana	prosciutto crudo o cotto magri, sgrassati, bresaola
uova	2 alla settimana	uova sode o alla coque o in frittata, cotta al forno o in padelle anti-aderenti
pasta e riso	tutti i giorni	pasta o riso integrali o comuni, semolino, polenta, gnocchi, minestre

da evitare
latte intero, latte in polvere, yogurt intero bianco o alla frutta, dessert a base di yogurt
formaggi stagionati tipo groviera, fontina, grana, emmenthal, caciotta, pecorino, gorgonzola
carni grasse tipo oca, anatra, agnello, gallina, carni con grasso visibile, frattaglie (fegato, reni, lingua, cuore, cervella, trippa, zampetti...) in quanto molto ricche di colesterolo
pesci grassi tipo anguilla, capitone; limitare il consumo di cozze, vongole, gamberi, gamberoni in quanto ricchi di sale e colesterolo
salame, wurstel, coppa, pancetta, mortadella ecc.
uova fritte
tortellini, agnolotti e cannelloni; pasta o riso in busta o surgelati in quanto ricchi di grassi e di sale

Per un'alimentazione equilibrata		
	impiego	da preferire
pane e simili	tutti i giorni	pane integrale o comune
patate	al posto del pane	patate bollite
legumi	2-3 volte alla settimana	legumi freschi o surgelati, legumi secchi
verdura	tutti i giorni	verdure fresche o cotte; variando ogni giorno.
frutta	tutti i giorni	frutta fresca o cotta di stagione tipo mele, pere, arance, ananas, pesche, albicocche, susine; variare ogni giorno il tipo di frutta
condimenti	tutti i giorni	olio extravergine d'oliva, olio di oliva, olio di semi di mais o di soia o di vinacciolo o di riso; utilizzare l'olio a crudo
dolci	1 alla settimana	dolci preparati senza l'aggiunta di grassi; zucchero, miele, marmellata, biscotti secchi
bevande	tutti i giorni	acqua, 1-2 bicchieri di vino rosso al giorno

da evitare
grissini all'acqua, crackers senza grassi, pane condito o confezionato in busta, crackers e grissini comuni, fette biscottate al posto del pane
patate al forno, patate fritte
legumi in scatola in quanto ricchi di sale
verdure fritte
frutta secca, frutta sciroppata; limitare il consumo di banane, uva, fichi, caki
burro, margarina, lardo, strutto
tutti i tipi di dolci preparati con panna, burro, uova
superalcolici, bibite zuccherate (coca-cola, acqua tonica, gazzosa)

L'ALIMENTAZIONE DELLO SPORTIVO

Tutti noi conosciamo l'importanza di una buona alimentazione per mantenere sano il nostro corpo e farlo funzionare al meglio. Se questo è valido per qualunque persona "normale", che svolge una vita più o meno sedentaria, tanto più lo è per coloro che dal proprio corpo devono ottenere molto di più in termini di prestazioni fisiche e consumo energetico.

Per chi pratica sport, infatti, l'alimentazione riveste un ruolo determinante: è importante che lo sportivo sappia quali sono gli alimenti che lo possono aiutare nella propria attività e in quali quantità e modalità deve assumerli per poterne trarre tutti i benefici possibili. Esistono differenze nell'alimentazione da seguire, a seconda dell'attività che si pratica. Sciatori, ciclisti ed escursionisti necessitano di una grande scorta di carboidrati che garantisca loro un apporto di glicogeno sufficiente a fornire energia durante gli sforzi prolungati. L'apporto di macronutrienti per questi sportivi dovrebbe essere suddiviso in: 60% di carboidrati, 25% di grassi, 15% di proteine. Via libera, quindi, a pasta, riso, patate, pane, muesli, verdura, frutta fresca e secca. Per chi pratica sport di forza, quali sollevamento pesi, lancio del peso, martello o disco, è importante l'apporto proteico per favorire lo sviluppo della massa muscolare; ovviamente, non deve mancare una buona percentuale di carboidrati, che forniranno il necessario apporto di energia, senza il quale l'organismo sarebbe costretto a intaccare le riserve di proteine. L'apporto di grassi deve essere invece moderato, per consentire un ottimale consumo delle proprie energie. Una corretta proporzione di macronutrienti può essere così suddivisa: 55% di carboidrati, 20% di proteine, 25% di grassi. Infine, per gli spor-

LE 10 REGOLE PER UNA FORMA FISICA PERFETTA

1. Colazione leggera, mangiare tanta frutta e bere spremute. È consigliabile evitare caffè e tè almeno fino alle 3 del pomeriggio, comunque limitarne l'assunzione.

2. È meglio consumare un piatto unico: pasta, riso, carne, pesce, uova o formaggio, con contorno di verdure.

3. È preferibile iniziare il pasto con verdura, cruda o cotta; va bene anche la frutta, che risulta così più digeribile.

4. Mangiare in un ambiente tranquillo, stando seduti. Evitare i locali rumorosi: il cibo deve essere masticato a lungo e con calma.

5. Limitare il sale; per insaporire i cibi si possono utilizzare le erbe aromatiche.

6. Moderare, ma non eliminare, i grassi (anch'essi indispensabili alla salute). Bisogna sceglierli con cura dando preferenza a quelli vegetali, usandoli comunque con parsimonia (è ottimo l'olio extravergine d'oliva).

7. Consumare più spesso le leguminose (fagioli, piselli, soja, ecc.).

8. Tenere in casa solo gli alimenti e le bevande scelti per una alimentazione equilibrata.

9. Fare la spesa seguendo una lista scritta, evitare gli acquisti di impulso.

10. Se si ha poco tempo da dedicare alla cucina, fare scorte di surgelati di verdure, zuppe e minestroni (non già salati o conditi): sono veloci da preparare e sono leggeri.

Anche al ristorante è bene seguire qualche semplice regola: ordinare verdure come antipasto; chiedere sempre i condimenti al tavolo; ordinare un piatto unico (primo o secondo); evitare piatti con panna, creme, salse e fritti.

Tabella alimentare per chi pratica attività agonistica	
prima della gara	Consumare un pasto non abbondante tre ore prima della gara. Evitare cibi grassi e/o ricchi di proteine. Moderare i condimenti (burro in particolare). Evitare gli zuccheri semplici. Assumere carboidrati complessi a lento assorbimento e frutta fresca. Evitare gli alcolici. Mangiare lentamente, masticando a lungo. Introdurre liquidi prima della gara.
dopo la gara	Assumere cibi e bevande ricchi di carboidrati subito dopo la gara per ripristinare le riserve di glicogeno. Per ogni 400 g di peso perduti bere due tazze di liquidi. Reintegrare il potassio e il magnesio perduti con l'attività fisica. Ogni atleta dovrebbe essere consapevole dell'importanza di mantenere il peso forma. Questo perché, con l'aumento del peso corporeo, aumenta il consumo in calorie a parità di lavoro, di conseguenza peggiora la performance dell'atleta. Ecco semplici accorgimenti utili al mantenimento del peso forma: limitare l'uso di grassi animali; evitare i grassi (animali e vegetali) fritti; limitare l'uso del sale (i cibi si possono insaporire con le spezie); limitare le proteine animali. Abbondare di carboidrati complessi e frutta ricca di potassio e magnesio.

tivi che praticano attività di velocità e scatto (gare di sprint, salto in lungo, 100 metri, nuoto sulle brevi distanze) sarà importantissimo un giusto apporto di carboidrati, l'unico nutrimento che garantisce energia immediata con il minor dispendio di ossigeno. Inoltre, i carboidrati garantiscono la concentrazione mentale e la velocità di reazione. Altrettanto importanti per questi sportivi sono le vitamine e i sali minerali, quindi la loro dieta deve prevedere molta frutta e verdura fresche, carne magra, pesce,

IL COLESTEROLO

Il colesterolo è una sostanza cerosa simile al grasso, presente in tutte le cellule animali e necessaria all'organismo umano per assolvere molti processi vitali; infatti il cervello, il sistema nervoso e tutte le membrane cellulari hanno bisogno del colesterolo. Questa sostanza viene in parte prodotta dal nostro organismo, soprattutto dal fegato, e in parte assunta con la dieta principalmente grazie ai prodotti di origine animale: latte e derivati, uova, carni grasse. I problemi si manifestano quando si innalza il livello del colesterolo presente nel sangue mettendo in pericolo le nostre arterie. Il colesterolo si accumula nelle placche fibrose che si formano sulla parete delle arterie rendendole meno elastiche e ostacolando il flusso sanguigno (arteriosclerosi). Quando poi sulla placca si verificano anche coaguli di sangue (i trombi) che restringono ancora di più il vaso, il flusso di sangue ai tessuti diventa insufficiente: se ciò avviene a livello del cuore o del cervello, si rischia un infarto o una trombosi. Un'alimentazione ricca di grassi, in particolare di grassi saturi di origine animale, produce un incremento del colesterolo presente nel sangue con i rischi che abbiamo descritto. Ecco perché è importante attenersi a una dieta equilibrata che mantenga nei limiti il consumo di tali alimenti.

alimenti integrali. Una giusta proporzione dei macronutrienti sarà: 60% di carboidrati, 20% di proteine, 20% di grassi. L'apporto proteico per una persona che pratica attività fisica moderata è stato stabilito in 1 g per ogni kg di peso corporeo; per coloro i quali svolgono attività agonistica, la dose giornaliera consigliata sale da 1,1 a 1,7 g per ogni kg di peso corporeo. Alimenti proteici poveri di grassi sono: latte scremato, yogurt, carne magra, pesce, legumi, soia. Un alimento che non deve mancare nella dieta di qualunque sportivo, è l'acqua: preziosa fonte di sali minerali ed elemento essenziale per una buona costituzione dell'organismo umano.

Tempi di digestione

Un'altra importante considerazione va fatta riguardo al tempo di digestione dei vari alimenti: è importantissimo non appesantire lo stomaco che, altrimenti, sottrarrebbe preziose energie all'organismo per digerire gli alimenti pesanti. Bisogna ricordare che più i cibi sono grassi, maggiore è la loro permanenza nello stomaco, che i cibi sminuzzati o ben masticati hanno permanenza più breve rispetto ai cibi interi e che gli alimenti liquidi, le minestre e le bevande sono in assoluto i più digeribili e lasciano lo stomaco in un tempo più breve rispetto a tutti gli altri. Ecco alcuni esempi: le bevande contenenti carboidrati in varie concentrazioni lasciano lo stomaco in 15-30 minuti; frutta, latte scremato, yogurt, müsli, fiocchi d'avena in 1-2 ore; pasti leggeri (riso con verdure, pesce, minestra con pasta in brodo, pasta con sugo di pomodoro leggero) in 2-3 ore; pasti normali (carne, patate, verdura, pasta al ragù) in 3-4 ore; alimenti ricchi di grassi e piatti ricchi di fibre (legumi, carni grasse) in 4 e più ore.

Gli integratori

Un'ultima annotazione può essere fatta a proposito degli integratori: molti sportivi ne fanno uso, ma è il caso di ricordare che è preferibile cercare negli alimenti ciò di cui il corpo ha bisogno. Innanzitutto a causa della biodisponibilità: i nutrienti contenuti negli alimenti, infatti, raramente sono presenti da soli. I cibi sono costituiti da miscele di sostanze che possono favorire o interferire con l'assorbimento dei nutrienti, senza squilibrarne l'apporto complessivo; per questo, l'assunzione di nutrienti in forma pura, sotto forma di pillole, rischia di creare interferenze e squilibri nella corretta assunzione dei nutrienti. In conclusione è sufficiente un'alimentazione variata e ben bilanciata per assicurarci tutte le vitamine e i sali minerali di cui abbiamo bisogno. Fonti preziosissime per apportare all'organismo questi microelementi sono: frutta e verdura fresche, frutta secca, alimenti integrali, pesce, acqua.

Consumi e calorie

Quante calorie in più si spendono aumentando l'attività fisica? I fisiologi dimostrano facilmente come il consumo di energie cresca rapidamente al crescere dell'attività fisica, diversa a seconda dello stile di vita, del tipo di lavoro, delle abitudini di ciascuno. Chi, per esempio, svolge un'attività lavorativa pesante e nel tempo libero pratica sport, avrà un consumo di energie decisamente superiore rispetto a chi conduce una vita sedentaria. Questo significa che avrà bisogno di molte più energie e, dunque, potrà mangiare in proporzione senza ingrassare.

allenamento e obiettivi

Interessanti sono gli studi compiuti sull'alimentazione, che hanno permesso di dimostrare come, avendo cibo a volontà, il soggetto non si alimenta a caso, ma segue un periodismo preciso. Al contrario, se il cibo è disponibile solo poche ore al giorno, il soggetto si adatta ad aver fame solo in quel periodo.

LE GIUSTE MOTIVAZIONI

Alimentazione adeguata e moderata attività sportiva sono l'abbinata vincente per restare in forma: mangiare troppo poco comporta, infatti, solo una riduzione della massa magra (muscoli), se non si fa contemporaneamente dell'esercizio fisico. Viceversa, sottoporsi a estenuanti allenamenti potrebbe portare a prendersela troppo "con comodo" nel resto della giornata, e addirittura a esagerare a tavola, perché ci si sente a posto con la coscienza.

Come si può fare per incoraggiare la gente a essere più attiva fisicamente? Insieme con una dieta ipercalorica, uno stile di vita sedentario contribuisce ad aumentare il numero di persone in sovrappeso od obese. Dal punto di vista della salute pubblica, aumentando il livello d'attività fisica delle persone (specialmente di coloro che conducono una vita sedentaria), si possono ottenere enormi benefici, in particolare nell'arrestare la diffusione sempre maggiore dell'obesità. Così come per altri aspetti dello stile di vita (come il fumo e la dieta) innescare un cambiamento sostanziale nell'attività fisica implica conoscere le abitudini e gli usi delle persone. L'Institute of European Food Studies (IEFS) ha condotto una recente inchiesta a livello europeo su questo tema che ha coinvolto 15 339 persone (circa 1000 adulti d'ogni paese membro). La ricerca ha valutato l'atteggiamento dei consumatori nei confronti dell'attività fisica, del peso corporeo e della salute e ha misurato il loro livello d'attività, il peso corporeo e l'altezza (attraverso automisurazione). Si può perdere peso più facilmente abbinando un cambiamento delle abitudini alimentari a una più intensa attività fisica; quest'ultima è considerata efficace più come forma

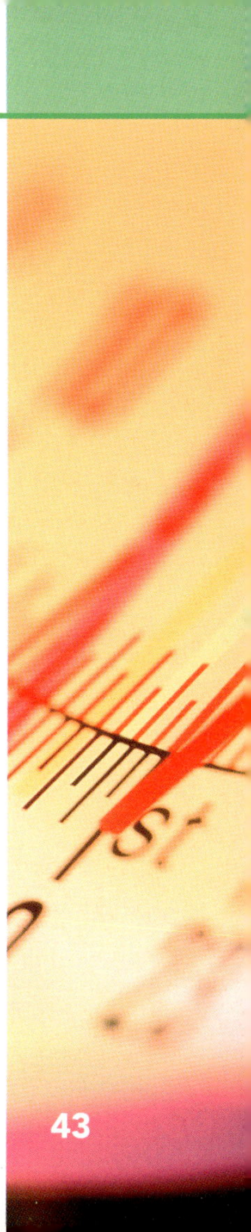

di prevenzione del sovrappeso e dell'obesità che come cura degli stessi. Tuttavia, stando ai risultati di quest'inchiesta, i consumatori credono che la dieta sia più importante dell'esercizio fisico per prevenire l'aumento di peso. Anche il fumo e lo stress sono considerati fattori più importanti dello sport nell'influenzare lo stato di salute. Inoltre, un quarto del campione analizzato sostiene di non aver ottenuto alcun beneficio dal fare esercizio, benché fosse diminuito di peso. I risultati dell'inchiesta mettono in evidenza la necessità di rendere i consumatori più consapevoli sui vantaggi che si possono ottenere, in termini di salute, praticando attività fisica e mantenendo controllato il peso corporeo. I risultati dell'indagine dell'IESF sull'attività fisica evidenziano anche una grande disomogeneità tra le varie aree geografiche per quanto riguarda la pratica sportiva. I finlandesi, per esempio, mettono l'attività fisica al primo posto tra i fattori che influenzano la salute, mentre i greci la classificano al settimo posto; tradotto in numeri, il 92% dei finlandesi pratica un'attività fisica, contro un modesto 60% dei greci.

I risultati dell'inchiesta (gli ostacoli, i benefici e la consapevolezza di dover essere più attivi da parte della gente) possono sicuramente essere d'aiuto nello sviluppare strategie mirate verso gruppi specifici di persone e nel prendere in considerazione i fattori socio-demografici e geografici.

LE REGOLE DELL'ALLENAMENTO

I principi generali di un programma di allenamento possono essere così riassunti:

- continuità. L'allenamento deve svolgersi in continuità nel tempo eliminando periodi di riposo eccessivamente lunghi che creano i presupposti di "adattamento all'inattività" e quindi perdita del lavoro precedentemente svolto. Pertanto la frequenza degli allenamenti, anche in periodi di riduzioni del lavoro, dovrà essere tale da garantire almeno il mantenimento di quanto acquisito;
- variabilità. L'allenamento sarà più redditizio e più facilmente gradito quando comprenderà una serie molteplice di attività ed esercizi studiati in forma e successione tale da evitare l'insorgere della noia e dell'affaticamento nervoso, fattori che riducono sensibilmente la capacità applicativa e l'interesse. La variazione degli esercizi e dei metodi evita anche la formazione di "barriere", ovvero impedimenti all'ulteriore sviluppo delle capacità motorie;
- sistematicità. È necessaria un'organizzazione razionale tra le sequenze di allenamento e la frequenza con cui vengono svolti certi tipi di esercitazioni;
- ciclicità. I carichi di lavoro vanno organizzati in relazione ai diversi periodi programmati, pertanto devono avere le caratteristiche quantitative e qualitative proprie del ciclo di allenamento;
- individualizzazione. È bene individuare da subito uno schema di allenamento personalizzato, che tenga quindi conto delle proprie peculiarità psichiche e fisiche, e dei risultati da conseguire.

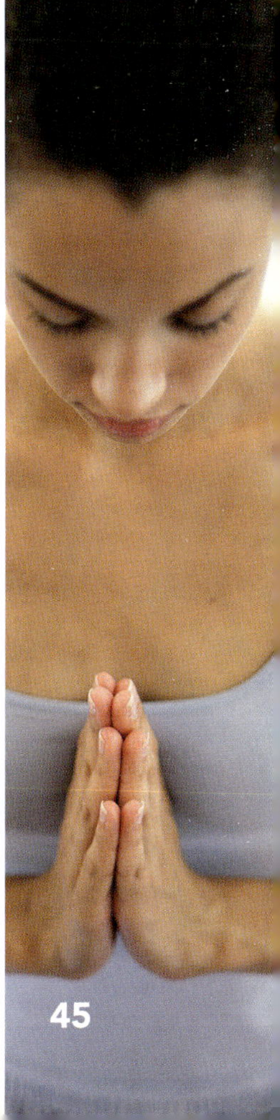

Inoltre sarebbe bene tenere conto delle seguenti considerazioni.

▸ **Specificità dell'allenamento.** Ogni programma dovrà essere specifico, dovrà stimolare in modo peculiare un determinato meccanismo energetico o lavoro muscolare. Nel cardiofitness gli elementi sono quasi sempre finalizzati allo stimolo del metabolismo aerobico oppure, a livello muscolare, alla stimolazione della contrazione delle fibre bianche.

▸ **Gradualità dell'allenamento.** L'organismo può ottenere miglioramenti se l'allenamento gli fornisce stimoli gradualmente crescenti. L'obiettivo consiste nell'aumentare la nostra capacità di svolgere lavoro fisico, quindi di accrescere la nostra energia. La progressione dei carichi dovrà tenere conto del meccanismo della supercompensazione, attraverso il quale l'organismo, tramite il riposo, l'alimentazione e il sonno, ricostituisce più del necessario, cioè più delle sostanze consumate, in modo da prepararsi a un altro eventuale allenamento. Per questo motivo, è necessario inserire lo stimolo allenante nella giusta dinamica all'interno del programma di allenamento, disponendo le sedute a distanze precise. Poiché la fase di supercompensazione regredisce dopo un certo periodo di tempo, lo stimolo allenante andrà somministrato proprio durante; se somministrato a recupero incompleto, si otterrà un effetto negativo chiamato superallenamento, con il rischio di provocare danni all'organismo.

▸ **Continuità dell'allenamento.** Ogni allenamento a qualunque livello, per essere efficace e mantenere gli effetti, deve essere praticato con costanza attraverso sedute piuttosto ravvicinate fra loro. I risultati ottenuti tramite l'allenamento non sono duraturi nel tempo: a una interruzione della continuità fa seguito inevitabilmente un calo nel nostro livello di fit-

ness proporzionale alla durata della fase di inattività. Una volta trovato il nostro ritmo ideale di allenamento, dovremo fare in modo che questo diventi un'abitudine di vita.

▸ **Progressione dell'allenamento e suoi parametri.** I parametri su cui basarci per fare progredire l'allenamento e costruirlo nel tempo sono:

- intensità: esistono diverse metodiche finalizzate a valutare l'intensità dell'esercizio aerobico; la più usata è la valutazione della frequenza cardiaca (FC), metodica indiretta per valutare l'utilizzazione di ossigeno parte dell'organismo e, quindi, valida per ottenere una valutazione del sistema cardio-respiratorio. Per determinare l'intensità dell'esercizio, il sistema più pratico è rappresentato dall'impostare lo stesso in base a un valore percentuale della massima frequenza cardiaca (FCmax). Il valore è diverso in ognuno di noi, considerando come presupposto che tutti i soggetti della stessa età abbiano la stessa frequenza cardiaca massima, potremo usare la seguente formula teorica: Fcmax = 220 – l'età; un soggetto di 40 anni avrebbe, perciò, una Fcmax di 180 battiti/minuto. Una volta calcolata la Fcmax, potremo stabilire a quale percentuale di questa esercitarci. Siccome il valore della massima frequenza cardiaca (FCmax) viene raggiunto prima di quello del massimo consumo di ossigeno (ovvero il 70% della massima frequenza cardiaca rappresenta il 60% della potenza aerobica), è nata l'idea di determinare un valore di frequenza cardiaca mirata (THR, *target heart-rate*). La FC ideale a cui allenarsi è strettamente in relazione alle finalità e agli obiettivi che ci poniamo: indicativamente la THR (frequenza cardiaca-mirata) dovrà essere compresa tra l'80% e il 90% della riser-

va di frequenza cardiaca (FCR) più la frequenza cardiaca a riposo (FCrip), oppure tra l'85% e il 95% della massima frequenza cardiaca (Fcmax). Il valore della riserva di frequenza cardiaca (FCR) è definito come la differenza tra il valore della Fcmax e quello della Fcrip (misurata tramite la palpazione di un'arteria, carotide a livello del collo e radiale a livello del polso). Prendendo per esempio un soggetto di 40 anni che voglia allenarsi in una percentuale del 70% della FCmax, si potrà procedere in questo modo: THR (FC-target) = 180 (FCmax) X 0,70 = 126 battiti/minuto. Nel cardiofitness, il monitoraggio della FC avviene grazie al cardiofrequenzimetro, collocato sull'attrezzo, il quale è in grado di informarci in ogni istante sull'andamento della FC. Un altro metodo che può essere utilizzato per determinare l'intensità dell'esercizio aerobico è la valutazione della soglia anaerobica, cioè quell'intensità di carico di lavoro o quel livello di consumo di ossigeno in cui avviene un'accelerazione del metabolismo anaerobico (intensità alla quale l'acido lattico inizia ad accumularsi rapidamente nel sangue e nei muscoli); è, tuttavia, un metodo meno conveniente, perché richiede l'utilizzazione di apparecchiature di laboratorio;

- durata: per durata intendiamo la capacità di protrarre una seduta di allenamento per un tempo adeguato a produrre determinati effetti sul metabolismo. Prolungare il tempo di allenamento è il primo obiettivo da ricercare in un programma di cardiofitness: in tal modo saremmo in grado di migliorare la forma fisica e, in particolare, di incrementare la capacita aerobica, cioè la capacità di svolgere attività fisica di medio-bassa intensità per un tempo abbastanza lungo. La durata dell'allenamento potrà oscillare fra 15-60 minuti a seduta con andamento crescente nel tempo;

● frequenza: è rappresentata dal numero di sedute di allenamento da svolgere in un determinato periodo di tempo. Il numero può variare in rapporto agli obiettivi; allenarsi per 3 volte alla settimana a giorni alterni può rappresentare una frequenza ideale. Un numero minore, per esempio 1-2 sedute settimanali, sebbene sufficiente, non garantisce una stabilizzazione dei miglioramenti. Una frequenza molto alta, per esempio 6-7 volte alla settimana, potrebbe non consentire il completo ripristino delle energie fra un allenamento e l'altro, e potrebbe portare al superallenamento. Grazie alla combinazione di questi ingredienti è possibile individualizzare la progressione dell'allenamento in rapporto agli obiettivi, le capacità, le esigenze di ciascuno di noi.

A dimostrazione della presenza nel nostro organismo di una specie d'orologio biologico, che, quando è desincronizzato, è causa di una serie di notevoli problemi, basta ricordare il fenomeno del "jet lag", che consiste nell'insieme di disturbi cui si va incontro quando ci si sposta dal proprio fuso orario verso altri (andando in America, o in Giappone per esempio).

LE FASI DELL'ALLENAMENTO

Quando è meglio praticare un'attività sportiva? La mattina, il pomeriggio o la sera? È evidente che, nella maggior parte dei casi, la scelta è dettata da tutti gli altri impegni (in genere lavorativi) ai quali bisogna sottostare. Tuttavia, qualora si possa scegliere, quale sarebbe la soluzione più opportuna?

La mattina, quando si ha lo stomaco leggero e si è riposati; il pomeriggio, quando si è rifornito l'organismo di un po' d'energia alimentare e si è superato il torpore del dopo sonno; la sera, quando il desiderio di relax rende più gradevole l'esercizio fisico? In realtà, ognuno di noi sceglie in un modo diverso, in funzione delle proprie caratteristiche e delle proprie sensazioni. Alcuni si sentono al pieno delle energie solo nel pomeriggio, altri, invece, vivono il mattino come periodo più attivo della giornata. Così come c'è chi preferisce dormire molto la mattina e far tardi la sera o viceversa.

È la cronobiologia la scienza che insegna che l'uomo non è soggetto solamente al periodismo sonno-veglia, ma che numerosissime sono le funzioni organiche che procedono durante la giornata, con alti e bassi del tutto codificati e non casuali. L'orologio biologico regola il nostro organismo che sembra rispondere in modo differente secondo l'ora del giorno; in questo caso si afferma che il ritmo biologico è di tipo "circadiano", ha cioè una periodicità giornaliera, come l'alternanza sonno-veglia. Vi sono anche altri ritmi, fra cui il più noto è certamente quello "circalunare", tipico delle mestruazioni nelle donne, che durano una fase lunare, e cioè quattro settimane.

CONSEGUENZE DELLA PERDITA DEL SONNO

a. Riduzione delle capacità psicoattitudinali, in particolare del livello di stimolazione nervosa e della coordinazione neuro-motoria.

b. Conseguente aumento del costo energetico del gesto atletico;

c. Alterazione della frequenza cardiaca di base (che si abbassa), della concentrazione di glicogeno nei muscoli, della forza muscolare.

d. Effetti psicologici, come occasionali perdite d'attenzione, considerate come piccole crisi di sonno (micro-sleep) della durata di pochi secondi.

Cosa si deve dedurre da queste parziali indicazioni? Prima di tutto sarebbe il caso di recuperare il riposo perso. Dal punto di vista del gesto atletico, considerato lo scadimento delle capacità neuro-motorie, l'accorgimento più opportuno sarebbe evitare prestazioni o gare che richiedano elevati livelli d'attenzione, prontezza di riflessi esasperata, velocità di movimenti, e preferire situazioni nelle quali i gesti siano semplici, eseguiti a bassa velocità e che non rischino di mettere lo sportivo in condizioni di pericolo. Vanno bene, per esempio, le attività di sviluppo della fitness cardiovascolare, mentre meno consigliabili sono i lavori con i pesi o macchine per lo sviluppo del tono-trofismo muscolare, soprattutto per la minore efficacia che produrrebbero.

Sono molte le funzioni che seguono un ritmo giornaliero. Una delle più importanti è il livello delle capacità psicoattitudinali come l'attenzione, la capacità cognitiva, la destrezza manuale e la coordinazione neuromuscolare. Queste capacità presentano il minimo nelle prime ore del mattino, e il massimo nelle ore pomeridiane. Questo dato è già un'indicazione a pra-

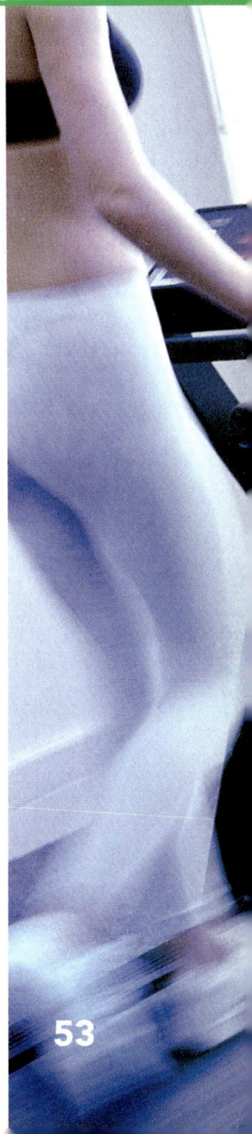

ticare sport "tecnici" nel pomeriggio. Un altro parametro molto influenzato dal ciclo giornaliero è la temperatura corporea che è al massimo alle 4 del pomeriggio e al minimo alle 6 del mattino, così come, all'incirca, fa la frequenza cardiaca a riposo.

Seguono sempre un ritmo circadiano altre funzioni biologiche come la produzione d'ormoni, la funzione respiratoria, la distribuzione delle cellule e dei liquidi nel sangue e così via. A regolare in modo così preciso l'orologio del corpo provvede una speciale parte del cervello denominata ipotalamo che ha bisogno di un continuo controllo e di una continua regolazione da parte di segnali di riferimento esterni; il principale è proprio rappresentato dal susseguirsi dei giorni e delle notti, quindi dall'alternarsi del sonno con la veglia. La perdita del sonno rappresenta, perciò, un elemento di disturbo notevole nel normale ritmo di funzionamento biologico dell'organismo; in particolare, può inficiare in modo significativo la prestazione sportiva.

1 La respirazione

Un programma di allenamento equilibrato dovrebbe essere caratterizzato da una corretta respirazione e dalle fasi di riscaldamento, attività di tonificazione e/o potenziamento muscolare, attività aerobica e rilassamento. La respirazione è essenzialmente uno scambio respiratorio a livello di alveoli polmonari, fra l'organismo e l'ambiente. Si può intendere come un fenomeno chimico, assimilabile alla combustione, con assunzione di ossigeno (O_2) ed eliminazione di anidride carbonica (CO_2). L'apparato respiratorio, che assicura lo svolgimento del fenomeno, si

La respirazione si suddivide in: respirazione alta, respirazione media, respirazione bassa, a seconda della zona dei polmoni che viene coinvolta. La respirazione totale coinvolge integralmente i polmoni e tutti i muscoli della gabbia toracica.

apre all'esterno con la bocca e le narici; si continua all'interno con la faringe, la laringe e la trachea; quest'ultima si ramifica nei due bronchi, che, a loro volta, si suddividono in molte ramificazioni, colmando nei lobuli polmonari e negli alveoli, a livello dei quali avviene lo scambio gassoso di O_2 e CO_2.

La dinamica respiratoria è caratterizzata da due movimenti principali:

- **l'inspirazione**, attraverso cui si immette l'aria nel corpo e, in un certo senso, si comunica col mondo;
- **l'espirazione**, con cui si elimina l'aria utilizzata e ci si rilassa.

Respirare con attenzione favorisce il risveglio della forza interiore che ognuno di noi possiede e ci aiuta a dare benessere al corpo e alla mente. Aumentando la quantità d'aria immessa nel nostro corpo, aumentiamo i benefici, poiché l'aria fornisce energia sfruttabile immediatamente.

Se respiriamo a fondo svuotando l'addome e il torace, impareremo di conseguenza a inspirare a fondo.

2 Il riscaldamento

Una diffusa conoscenza e applicazione di questa fase, che precede l'allenamento e la gara, non solo permetterebbe una maggiore efficienza generale, ma limiterebbe notevolmente la possibilità di traumi all'apparato locomotore, soprattutto ai muscoli e alle articolazioni. Anche il programma di attività fisica più equilibrato e meglio studiato non è in grado di escludere l'evenienza di piccoli o grandi traumi muscolari e tendinei dovuti all'esercizio. La carta vincente per evitare questo tipo di sorprese è eseguire sempre un accurato piano di preparazione alla seduta di allenamento vero e proprio: fare un buon riscaldamento (*warm-up*) migliora la circolazione del sangue in tutto l'organismo e in particolare nei muscoli maggiormente utilizzati dalla disciplina sportiva alla quale ci si sta dedicando. Il modo migliore e più semplice di fare riscaldamento è quello di eseguire a velocità, intensità e forza ridotte, il movimento che si sta per compiere dopo avere fatto qualche movimento di attivazione più generale, per esempio con una piccola corsa o una breve pedalata, con l'aggiunta di esercizi di allungamento muscolo-tendineo (stretching). Il riscaldamento andrebbe, quindi, distinto in due fasi:

- **generale** (corpo libero, allungamento, mobilizzazione); solitamente si inizia con la corsa a ritmo blando, alla quale si abbinano movimenti di slancio e di spinta degli arti sui diversi piani spaziali, brevi scatti. Da fermo si possono eseguire gli stessi movimenti effettuati in movimento, aggiungendo anche flessioni e circonduzioni del busto. A riscaldamento avvenuto, è sempre opportuno inserire alcuni esercizi di stretching, che diventeranno fondamentali al termine di ogni allenamento

poiché consentono di riportare i muscoli alla loro lunghezza ed elasticità ottimale, contribuendo anche ad accelerare il processo di recupero dalla fatica;

- **specifico** (riattivazione e ripetizione a vuoto senza carico del gesto tecnico che ci si accinge a compiere); segue quello generale e consiste nell'imitazione dell'esercizio o del gesto da eseguire, effettuata con intensità progressiva e senza creare affaticamento. È, quindi, un richiamo a coordinazioni, ritmi esecutivi e carico propri dei movimenti tecnico-specifici che si andranno a eseguire subito dopo. Il piano di riscaldamento dovrebbe essere accuratamente calibrato sulla specifica condizione di ognuno. Il riscaldamento di un campione olimpico di nuoto avrebbe, infatti, un'intensità tale da esaurire completamente le forze di un sedentario che riprende l'attività dopo molto tempo. A questo proposito, va ricordato che il riscaldamento è efficace nella prevenzione dei traumi muscolari e tendinei in modo particolare proprio nei soggetti sedentari che praticano attività fisica occasionale e discontinua.

Se il riscaldamento effettuato prima di ogni allenamento è importante, prima della gara assume anche valenze psicologiche. Infatti è un primo momento di concentrazione sui gesti e sulle situazioni di gara e un mezzo di controllo dell'ansia preagonistica e, di conseguenza, favorisce il rilassamento generale, la calma e la concentrazione.

La durata della fase di riscaldamento varia a seconda dell'età dell'atleta, del livello di qualificazione raggiunto e del tipo di impegno che si deve affrontare. In genere va dai 10 minuti circa per i principianti fino ai 20-30 minuti e oltre per gli atleti di alto livello. Un riscaldamento pro-

tratto troppo a lungo o troppo intenso può comportare un eccesso di accumulo di lattato nei muscoli superiore al limite della soglia anaerobica, con conseguente affaticamento e possibile calo di prestazione. La comparsa di una modesta sudorazione è il segnale che avverte dell'avvenuto riscaldamento. I vantaggi sono legati soprattutto all'innalzamento della temperatura corporea (circa 1-2 gradi):

- redistribuzione ottimale del flusso sanguigno nell'intero corpo, con un incremento verso i muscoli e una riduzione verso gli organi interni non coinvolti nell'attività;
- maggiore afflusso di sangue ai muscoli in quanto si determina una vasodilatazione periferica e un aumento della frequenza cardiaca. La cessione dell'ossigeno da parte dell'emoglobina del sangue viene facilitata e diventa più rapida e completa;
- facilitazione delle reazioni biochimiche muscolari grazie alla diminuzione dell'energia necessaria all'attivazione delle reazioni chimiche del metabolismo energetico. Questo consente un utilizzo più efficace dei substrati energetici;
- miglioramento della risposta dell'apparato cardiovascolare a uno sforzo improvviso e intenso;
- liberazione di glucosio nel circolo sanguigno;
- facilitazione nella trasmissione dell'impulso nervoso poiché si innalza la soglia di sensibilità dei recettori nervosi e aumenta la velocità di conduzione degli impulsi nervosi. Si riduce il tempo intercorrente tra l'arrivo dello stimolo nervoso e la risposta muscolare (tempo di latenza). Le risposte neuromuscolari e i movimenti diventano più rapidi e coordinati;

- riduzione della viscosità interna del muscolo e conseguente minore attrito interno tra le fibre e migliore contrattilità muscolare;
- miglioramento delle qualità elastiche delle fibre muscolari e dei tendini con relativo innalzamento della loro funzionalità meccanica;
- diminuzione della viscosità del liquido sinoviale delle articolazioni e conseguente miglioramento della funzionalità, in quanto le facce articolari scorrono con più facilità.

3 Lo stretching

È una particolare tecnica di ginnastica che ha come obiettivo l'incremento dell'estensibilità di alcune strutture anatomiche (muscoli e tendini). *To stretch*, infatti, è l'equivalente inglese dell'italiano "allungare".
Tutti potrebbero e dovrebbero praticare gli esercizi di stretching; è necessario, però, differenziare la tecnica da seguire secondo le esigenze dei singoli. Una prima tecnica consiste nell'allungamento muscolare tramite posizioni di massima flessione, estensione o torsione che devono essere raggiunte lentamente per non stimolare nei muscoli antagonisti il riflesso di stiramento. Raggiunta la posizione, va mantenuta per un tempo minimo di 10-15 secondi fino a un massimo di 30, facendo attenzione che l'estensione non vada oltre la soglia del dolore.
Una seconda tecnica è la PNF (*proprioceptive neuromuscolar facilitation*); questa è divisa in due tempi:

- massimo allungamento raggiunto lentamente, seguito da una contrazione isometrica di 15-20 secondi (sempre nella condizione di massimo allungamento);

- dopo 3-5 secondi di rilasciamento, si porranno in trazione i muscoli precedentemente contratti isometricamente; l'estensione deve essere di almeno 20-30 secondi.

Le due fasi vanno ripetute due volte, concludendo con l'allungamento dei muscoli antagonisti.

Esistono tre grandi categorie nelle quali classificare tutti i possibili praticanti di stretching. Per gli sportivi agonisti è indicata la tecnica PNF perché influisce in misura maggiore sulla mobilità articolare, migliorando così la prestazione; per gli sportivi dilettanti è consigliabile la prima tecnica, che consente di acquisire e mantenere una buona flessibilità.

Negli individui inattivi lo stretching contribuisce notevolmente a evitare o a ridurre la rigidità delle articolazioni, spesso causa di dolore. Al mattino lo stretching risveglia il corpo: i muscoli sono più distesi perché ancora liberi dalle tensioni della giornata; nelle ore serali contribuisce a rilassare la mente, ripristinando lo stato di benessere del riposo.

4 La tonificazione e il potenziamento

La tonificazione è un'attività svolta con l'ausilio di piccoli sovraccarichi (pesetti, elastici, cavigliere, body bar, ecc.) con l'obiettivo di raggiungere più velocemente un buon tono muscolare generale o specifico, con esercizi praticati a terra, in piedi o con l'ausilio dello step. Un'adeguata tonicità muscolare conferisce un miglior aspetto estetico e migliora il metabolismo.

Il miglior modo per svolgere attività di potenziamento è praticare l'allenamento ciclico, ovvero basato su una sequenza di esercizi che sollecitano i gruppi muscolari principali. Gli esercizi consistono nel sollevare pesi attaccati a manubri o a bilancieri, oppure utilizzare dispositivi con pulegge e rinvii azionati da gruppi muscolari specifici. L'esecuzione corretta degli esercizi parte dal concetto di movimento concentrato sul muscolo interessato mantenendo grande attenzione all'esecuzione del movimento: concentrazione mente-muscolo.

La forza massima sviluppata aumenta con l'aumentare della massa muscolare. Le tre forme di allenamento che realizzano l'aumento della forza massima sono:

- **sollevamento pesi di entità progressivamente maggiore** – si misura la massima forza sviluppata e si imposta l'allenamento con una serie di ripetizioni di sollevamento di un peso corrispondente al 60-80% del massimo peso sollevabile. Per chi è all'inizio di questa forma di allenamento, si consiglia di eseguire 12-15 ripetizioni; nel caso in cui l'esercizio sia troppo impegnativo, occorre ridurre il peso; se, invece, le ripetizioni risultano troppo facili, occorre aumentarlo. Di settimana in settimana è necessario aumentare i pesi per mantenere l'effetto allenante. L'entità dell'aumento della forza massima è variabile e dipende dall'assiduità e dal tempo totale dedicato all'allenamento;
- **allenamento isometrico ("a lunghezza costante")** – consiste nel contrarre massimalmente un muscolo senza che questo possa accorciarsi (se si cerca di sollevare una scrivania, per esempio, ma il suo peso è largamente superiore alla forza massima esercitata dai muscoli, questi, pur contraendosi massimalmente, non si accorciano; si accorcerebbero se fossero in grado di sollevare la scrivania);

▸ **allenamento isocinetico ("a velocità costante")** – si realizza mediante strumentazioni che consentono di sviluppare forza massimale nel corso di un movimento a velocità costante. Il vantaggio è che il muscolo esercita sempre la massima forza, indipendentemente dall'angolo dell'articolazione su cui lavora; inoltre, i risultati sono precisamente quantizzabili, elemento utile e necessario nel caso della riabilitazione di atleti infortunati.

CORRI E DIMAGRISCI

Avete mai visto un maratoneta grasso? Probabilmente no, e la ragione è che la corsa, oltre a essere benefica per tutto l'organismo, fa dimagrire. Per ottenere questo beneficio, però, occorre che seguiate un programma di allenamento idoneo, e soprattutto che le calorie che assumete con i cibi siano inferiori di quelle consumate dall'attività fisica.

Prato o asfalto? La differenza sostanziale tra i due tipi di fondo è che, a parità di strada percorsa, il consumo calorico della corsa su prato è maggiore per la minore spinta che il fondo erboso dà al piede, rispetto all'asfalto. Quindi, soprattutto se disponete di poco tempo, è preferibile correre in un parco piuttosto che sul marciapiede o sulla pista di atletica. Correndo nel "verde" si ottiene anche il vantaggio di respirare un'aria più pulita, ricca dell'ossigeno delle piante.

Come iniziare. Se siete completamente fuori allenamento e non avete mai svolto intense attività sportive, è bene che effettuiate una visita medica per valutare le condizioni cardio-vascolari ed escludere eventuali complicazioni. Procuratevi delle buone scarpe da jogging e iniziate l'allenamento. All'inizio alternate la corsa con la camminata, finché non riuscirete a correre per almeno 30 minuti di fila con andamento costante.

La perdita di peso. Come dicevamo, correre comporta una certa perdita di peso e, a parità di distanza, varia a seconda del ritmo tenuto e del peso corporeo individuale: naturalmente anche l'alimentazione andrà controllata,

5 L'attività aerobica

L'attività aerobica non è altro che il lavoro muscolare in equilibrio tra consumo e reintegro delle sostanze energetiche. È tipico di attività di lunga durata (maratona, ciclismo, sci di fondo ecc.) ed è effettuato in presenza di ossigeno per la sintesi dei glicidi e degli acidi grassi; i muscoli lavorano al di sotto delle capacità massime di trasporto di ossigeno.

Consumo di calorie per ogni chilometro percorso				
peso (kg)	in 9 minuti	in 7 minuti	in 5 minuti	in 3 minuti
50	55	65	95	175
55	60	75	110	190
60	65	85	120	205
65	70	90	130	218
68	75	95	135	228
77	85	110	155	258
80	90	115	160	270
90	100	130	180	300
99	110	140	200	330

effettuando una dieta equilibrata. Se vi allenate 3 volte la settimana, la perdita di peso è garantita e sarà soprattutto la vostra massa magra ad avere i migliori risultati. Ma attenzione! L'obiettivo è di bruciare tessuto adiposo, non di disidratarsi! Ricordatevi quindi di reintegrare sempre i liquidi persi (sudore) con acqua o bevande arricchite di sali minerali.

6 Il rilassamento

Scopo del rilassamento è di sviluppare la capacità di autocontrollo dell'atleta, al fine di ridurre l'ansia, permettendogli così di adottare comportamenti, modi di pensare e sentimenti adeguati al compito da svolgere. Inoltre, le esperienze di autocontrollo incrementano la fiducia in sé e favoriscono la concentrazione. Il rilassamento è una condizione psicologica che consente all'organismo di recuperare forza ed energia attraverso l'induzione di uno stato di calma generale e di eliminare ogni inutile forma di tensione psicofisica. Il rilassamento è principalmente una condizione psicofisica che si raggiunge attraverso un processo di "lasciarsi andare", ossia non fare assolutamente niente con i propri muscoli per permettere gradualmente anche alla mente di raggiungere il riposo totale. È necessario che lo sportivo si alleni a rilassarsi con costanza e traendone piacere e

TRAINING AUTOGENO

Training Autogeno significa letteralmente "allenamento autogenerato". Un allenamento è l'apprendimento graduale di esercizi sistematici e ripetuti (che in questo caso riguardano sia l'aspetto fisico, sia quello psichico); autogenerato significa che questo tipo di allenamento ha la caratteristica di generarsi da sé, senza dover essere diretto da altri, come per esempio avviene nell'ipnosi, in cui gli individui che svolgono l'esercizio hanno un ruolo prevalentemente passivo. Naturalmente parliamo qui della tecnica autogena una volta che questa sia stata completamente appresa in via teorica, sotto la guida di un esperto, e dopo un conseguente allenamento di almeno 6-12 mesi.

RILASSAMENTO E SINTONIZZAZIONE CON IL CORPO

Chiudi gli occhi, inspira ed espira lentamente. Il tuo corpo diventa pesante, sempre più pesante e rilassato; concentrati sui tuoi piedi, che sono rilassati e pesanti. Rivolgi lentamente l'attenzione ai muscoli dei polpacci, ora li senti rilassati e pesanti; anche le gambe sono rilassate. Continua a distendere tutti i muscoli del tuo corpo procedendo dal basso verso l'alto, l'addome, le braccia, le mani, il collo, fino ad arrivare ai muscoli del viso. Ti senti bene, molto bene, la calma e la tranquillità ti avvolgono.

soddisfazione come per l'allenamento fisico. Il rilassamento di seguito descritto è quello immaginativo; i passi iniziali per prepararsi sono:

- scegliere un luogo tranquillo e comodo;
- apprendere la tecnica di rilassamento in un momento di buona forma fisica e con energia sufficiente;
- ricordare che il rilassamento risulterà efficace dopo poche settimane di allenamento mentale.

Gli atleti dovrebbero immaginare non soltanto la loro prestazione, ma anche il risultato della prestazione. Può essere di aiuto, per perfezionare le abilità, usare l'immaginazione rallentata come se fosse una moviola, mentre non è consigliabile in nessun caso immaginare una scena accelerata. L'immaginazione deve essere sempre preceduta da una sessione di rilassamento.

GLI OBIETTIVI DA RAGGIUNGERE

Nello sport, così come nella vita, si trascurano in gran parte gli aspetti mentali ed emotivi che potrebbero contribuire non solo alla buona riuscita della *performance*, ma anche al benessere dell'uomo-atleta. Si incomincia a fare sport per divertimento e ben presto si pone tutta l'attenzione al risultato. L'introduzione dello psicologo dello sport nell'ambiente sportivo, invece, significherebbe innanzitutto un cambio di prospettiva nei confronti degli obiettivi da raggiungere. Scopo dell'allenamento mentale è quello di aiutare a scoprire come l'unità psicofisica mente-corpo possa determinare il livello della propria prestazione, tenendo presente comunque che la preparazione psicologica non è la bacchetta magica per diventare campioni: questa permette la realizzazione delle potenzialità dell'atleta nel loro complesso, ottenibili pertanto con un costante impegno dell'allenamento fisico, accompagnato da una personalità equilibrata. Contrariamente a quanto ancora generalmente si pensa, dentro e fuori dal mondo sportivo, le abilità mentali si possono allenare, così come si possono allenare le capacità fisiche e motorie. Le principali abilità mentali utili nello sport sono:

- la formulazione degli obiettivi;
- la modulazione dell'arousal cioè dell'attivazione psicofisica;
- il controllo dei pensieri;
- il controllo dell'attenzione;
- la gestione dello stress;
- il controllo delle immagini.

Innanzi tutto occorre scegliere gli obiettivi. L'obiettivo non può essere il risultato (inteso come "vittoria"), poiché in tal senso non può essere allena-

to, mentre si può allenare la prestazione. Quando l'unico obiettivo è il risultato e questo non viene raggiunto, si prova frustrazione, calo di motivazione, calo di autostima, tutti aspetti psicologici abbastanza difficili poi da recuperare. Se, invece, si punta al miglioramento di tutti gli aspetti che compongono il gesto sportivo (miglioramenti chiari e verificabili, a breve, medio e lungo termine), ci sarà sicuramente sempre un obiettivo raggiunto; in questo modo motivazione e autostima dell'atleta si alimentano da soli. Non bisogna, infatti, dimenticare che c'è una stretta relazione tra autostima, fiducia in se stessi e prestazione.
È fondamentale che l'atleta impari a controllare i propri pensieri per conseguire diversi obiettivi: controllo dell'attenzione, correzione degli errori, apprendimento di abilità, manifestazione di emozioni positive, incremento della fiducia in se stessi. Occorre poi che l'atleta impari a modulare il proprio arousal. L'arousal è l'attivazione psicofisica giusta per quello sport, per quel momento della prestazione, per quell'atleta. Occorre pertanto tendere a personalizzare la preparazione dell'atleta, poiché ci sono atleti che hanno bisogno di essere più rilassati, altri che hanno bisogno di essere più attivati. Nel caso di attivazione eccessiva o ridotta (rilevabile attraverso sintomi sia fisici che comportamentali e psicologici), la prestazione non sarà ottimale.
L'impiego delle immagini, abilità che si può apprendere e approfondire, è alla base di diverse modalità di allenamento mentale. Alcuni atleti utilizzano spontaneamente attività immaginative per rivedere, correggere, anticipare la prestazione anche senza che qualcuno abbia insegnato loro particolari procedure. Prima dell'esecuzione l'atleta può raffigurarsi le caratteristiche e le richieste del compito, ripetendo mentalmente le varie fasi dell'azio-

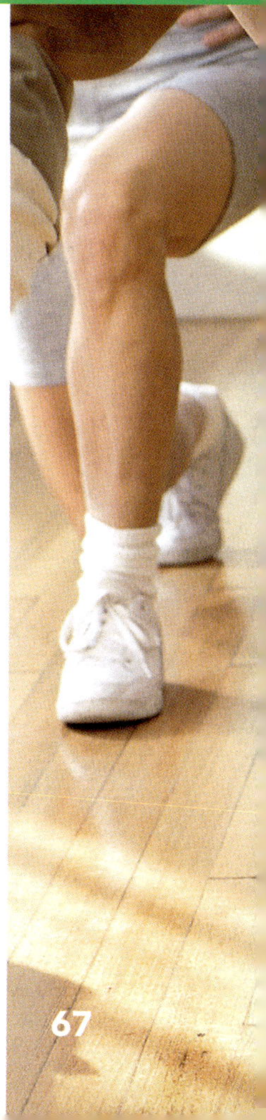

ne; durante la prestazione può ripensare a una strategia, a uno stimolo specifico. Al termine dell'azione può rivivere mentalmente tutte le fasi dell'azione, rilevare gli eventuali errori da correggere, oppure ripetere l'esatta esecuzione per rafforzarla in memoria a lungo termine.

La prestazione sportiva richiede, inoltre, la capacità di mantenere l'attenzione su di un compito per una corretta esecuzione, in relazione alle richieste situazionali. L'atleta, pertanto, deve imparare a:

- selezionare gli stimoli a cui rivolgere l'attenzione, trascurando quelli meno rilevanti;
- spostare l'attenzione al momento opportuno verso informazioni appropriate;
- mantenere l'attenzione sugli stimoli importanti.

Lo sviluppo di un programma di allenamento appropriato include varie tecniche, quali l'arresto dei pensieri, il *centering* (focalizzazione), il riorientamento dell'attenzione e il *rehearsal* mentale (prove) e vanno comunque proposte in base alle richieste particolari della disciplina sportiva.

Una certa stabilità emotiva, con un livello relativamente basso di ansia e tensione, è una caratteristica che contraddistingue gli atleti di successo. In un programma generale di allenamento mentale, l'abilità a controllare e a utilizzare in modo vantaggioso gli stimoli stressanti va sviluppata in sintonia con gli altri aspetti della preparazione, poiché un elevato livello di ansia (che si può manifestare sia a livello cognitivo che somatico) è nocivo per la prestazione e crea vissuti negativi di inadeguatezza e sfiducia nelle capacità personali. Gli obiettivi di allenamento possono essere diversi secondo le peculiarità psichiche e fisiche di ognuno e dei risultati da conseguire.

1 Mantenimento

È un programma alimentare e d'allenamento indicato se la condizione fisica generale è buona e che permette, senza eccessivi sforzi, di mantenersi in forma.

▸ **Lavoro aerobico.** Si dovrà fare essenzialmente un lavoro aerobico per circa 3 volte a settimana con sedute di 20', cercando di coinvolgere tutti i gruppi muscolari, e un lavoro di tonificazione generale che riguarda tutti i gruppi muscolari. Il tappeto, la bici o lo step sono ottimi macchinari per il lavoro aerobico, meglio se dotati di rilevatori per indicare il battito cardiaco in modo da permettere di controllare esattamente le calorie bruciate.

▸ **Esercizi.** Due esercizi per i pettorali e per i dorsali possono bastare, uno per i bicipiti e uno per i tricipiti, due per le spalle, due per le gambe, uno per gli addominali e qualche esercizio d'allungamento muscolare e di stretching porteranno sicuramente al raggiungimento dell'obiettivo.

▸ **Alimentazione.** Si può consumare un po' di tutto, cercando di stare attenti ai fritti, ai dolci e al consumo di bevande alcoliche.

▸ **Corsi in palestra.** Se si vuole frequentare una palestra, sicuramente i corsi più indicati da seguire sono: body sculpture, aerobica e step per circa 3 volte a settimana.

2 Dimagrimento

Il dimagrimento è forse l'obiettivo più difficile da raggiungere visto che il collegamento tra alimentazione e allenamento è strettissimo. Non esiste dimagrimento localizzato, ma generale; per dimagrire è fondamentale seguire allenamento e alimentazione con la massima cura.

▸ **Lavoro aerobico.** Occorrerà fare almeno 3 sedute a settimana, per 30/40' a seduta, con un controllo preciso del battito cardiaco, che deve mantenersi costante tra il 65% e il 75% del battito massimo. Tra i macchinari cardio-fitness è bene utilizzare quelli che coinvolgano più gruppi muscolari (vogatore, bici, tappeto e step).

▸ **Esercizi.** L'allenamento di tonificazione è altrettanto importante, bisognerà agire maggiormente sulle zone critiche, come glutei e pancia, senza però sottovalutare le altre. Coinvolgere i pettorali, le spalle e i dorsali con due esercizi, i bicipiti e i tricipiti con un esercizio e gli addominali e le gambe con due o tre esercizi.

▸ **Alimentazione.** Se è necessario perdere molti chili, è il caso di rivolgersi a uno specialista, in modo da seguire un regime alimentare corretto e adatto agli obiettivi. Se, invece, è necessario perdere qualche chilo in più, è bene ricordare che i carboidrati sono la benzina del nostro corpo e le proteine i nostri mattoni; i grassi, invece, sono l'alimento di riserva.

▸ **I corsi in palestra.** Per chi frequenta una palestra, i corsi consigliati sono: aerobica, step o spinning (cioè corsi ad alto dispendio energetico), senza trascurare i corsi di tonificazione, come il pump o il body sculpture, alternandoli per 2 volte a seduta.

300
250
200
100
50
0

3 Sviluppo muscolare

Chi è troppo magro e desidera aumentare la massa muscolare o avere muscoli scolpiti, un corpo atletico e tonico, e curve al posto giusto, può seguire il programma descritto di seguito.

▸ **Lavoro aerobico.** È importante il cardio-fitness, una tecnica che, oltre a migliorare l'efficienza del cuore e di tutto l'apparato cardiocircolatorio, permette di monitorare e di definire gli obiettivi da raggiungere: dimagrimento, aumento della massa muscolarc, conservazione. Il lavoro di cardio-fitness si basa sul concetto di massima frequenza cardiaca, dovrà essere di breve durata e potrà essere utilizzato come riscaldamento o come defaticamento.

▸ **Esercizi.** Esistono moltissimi esercizi in grado di definire e tonificare il corpo, ma è necessaria molta costanza e pazienza; viene richiesto un impegno quotidiano di circa 45 minuti, ripetendo almeno 2 volte l'allenamento su un singolo gruppo muscolare. Gli allenamenti dovranno essere intensi ma brevi, i carichi di lavoro alti e i recuperi lunghi.

▸ **Corsi consigliati.** Se, invece, si desidera arrivare a dei risultati concreti divertendosi, bisogna provare con l'aeroboxe, un corso che unisce la boxe all'aerobica, un modo moderno e divertente per allenarsi e soprattutto scaricarsi. Un altro corso divertente ed efficace è il GAG per tonificare e modellare glutei, addome e gambe, oppure il power strike, un programma di fitness che miscela arti marziali, boxe e aerobica. Se oltre che tonificare si desidera aumentare la massa muscolare, ci si può affidare al body building, che si basa su carichi di lavoro via via più intensi, oppure all'elettrostimolazione, tecnica utilizzata nella riabilitazione, divenuta ormai famosissima per tonificare e sviluppare i muscoli. Va ricordato, tuttavia, che è un'attività complementare: solo se utilizzata costantemente e accompagnata ad allenamenti specifici può dare buoni risultati.

▸ **Alimentazione.** Per ottenere buoni risultati, non bastano solo allenamenti, esercizi o elettrostimolazioni, è necessaria anche un'alimentazione equilibrata e completa, perché l'alimentazione ha un ruolo fondamentale. Sarebbe un grave errore mangiare troppo poco perché il corpo si sta allenando e richiede energie. La dieta, quindi, dovrà essere ricca di proteine, carboidrati e grassi, senza però trascurare tutto il resto.

SQUILIBRIO MUSCOLARE

Uno squilibrio tra muscolatura anteriore e muscolatura posteriore troppo tonificata porta a favorire l'insorgenza di situazioni particolari, che predispongono alla cosiddetta "pancetta". Tale condizione può verificarsi anche tra alcuni atleti, i quali, pur mostrando un'apparente buona forma fisica, presentano una muscolatura delle cosce e della zona posteriore del busto troppo potente, ritrovandosi in una situazione di squilibrio che con il tempo può dare origine a problemi.

4 Cardiofitness

Riuscire a ottenere un fisico snello e muscoli tonici non è solo un'esigenza estetica, ma anche di salute. Un'attività di fitness migliora l'efficienza del cuore e di tutto l'apparato cardiocircolatorio. In questi ultimi anni si è sviluppata moltissimo la tecnica di cardiofitness, che si basa sul concetto di massima frequenza cardiaca (Fcmax), praticamente il numero massimo di battiti che il cuore può compiere in un minuto.

L'attività cardio ha come obiettivo quello di mantenere il proprio battito cardiaco in un *range* di lavoro ottimale determinato da un valore minimo e un valore massimo che si possono monitorare facilmente utilizzando un cardiofrequenzimetro (lo strumento che misura i battiti cardiaci). Per dimagrire, occorre restare nei valori compresi tra il 65% e il 75% della Fcmax. Il *range* tra il 75% e il 95% è indicato all'allenamento anaerobico (potenziamento muscolare) che, se non eseguito correttamente, può portare al catabolismo muscolare (utilizzo delle riserve di grasso e di proteine contenute nei muscoli e non quelle sottocutanee), a uno stress eccessivo per il cuore, a un'eccessiva produzione di acido lattico e conseguenti crampi.

Infine, è importante ricordare che non serve allenarsi per più di 45 minuti, poiché, dopo questo limite, l'allenamento aerobico inizia a distruggere le proteine muscolari. Se, invece, si lavora al di sotto del 65% della Fcmax, non si utilizza al meglio il tempo a disposizione e per bruciare la stessa quantità di grassi sarà necessario aumentare le sedute d'allenamento.

la palestra in casa

L'ABBIGLIAMENTO

Ogni disciplina ha il suo abbigliamento specifico. In generale, è necessario indossare abiti comodi e in fibre naturali. Per le donne, è sempre consigliabile l'uso di un reggiseno sportivo come protezione e sostegno. Può risultare molto utile vestirsi a strati, questo vale in tutte le discipline, sia negli allenamenti all'esterno che all'interno, per permettere al corpo di mantenere sempre la giusta temperatura e protezione nell'altalena di caldi e freddi delle varie fasi dell'allenamento.

Calzare sempre scarpe comode, adatte al tipo di sport scelto. Scarpe da cross training sono adatte per giocare a tennis o praticare aerobica saltuariamente, mentre non sono indicate per chi pratica la corsa con costanza perché sono pensate per attività statiche e non per attività d'impatto. Le scarpe da running devono essere preferibilmente in materiale leggero, resistente e facilmente asciugabile, foderate in materiale morbido per assorbire l'impatto, devono avere il tallone con rialzo per evitare stiramenti al tendine d'Achille e ai polpacci. Le scarpe da walking devono essere morbide alla punta e mantenere il tallone più alto; devono, inoltre, essere stabili e assorbire l'impatto. Le scarpe da aerobica devono poter mantenere il piede fermo ed essere anti-impatto; morbide, devono permettere una buona flessione della punta del piede. Le scarpe da tennis devono essere con rinforzo in punta e durevoli, con suola adatta agli spostamenti in campo.

Il tappetino è molto utile per il lavoro a terra; deve essere in materiale spugnoso e lavabile.

GLI ATTREZZI

Per fare attività fisica a casa propria è molto utile avere a disposizione qualche attrezzo. I piccoli carichi permettono di aggiungere al proprio peso corporeo un sovraccarico oppure inserire alla propria forza muscolare una resistenza che ne aumenta lo sforzo della contrazione.

▸ **Cavigliere e polsiere.** Consentono di rendere più intensi e proficui gli esercizi a corpo libero o sullo step; possono avere un peso compreso tra 1 e 8 kg ed esistono anche nella versione con peso regolabile.

▸ **Manubri.** Sono i primi piccoli attrezzi utilizzati per aumentare il carico di lavoro del muscolo; l'ACSM (American Council of Sport Medicine) consiglia, durante gli esercizi di condizionamento muscolare, di non superare i 3 kg per gli uomini e i 2 per le donne, per non andare a sovraccaricare le inserzioni tendinee e scatenare così dei processi infiammatori.

▸ **Corda.** Tanto semplice quanto efficace, la corda può essere utilizzata per saltare, ma anche per svolgere esercizi di stretching o a corpo libero. Permette di potenziare forza, velocità, agilità e coordinazione. Per una corretta esecuzione degli esercizi, è molto importante posizionare la parte centrale della corda sotto i piedi leggermente divaricati, in modo che l'impugnatura arrivi appena al di sopra dei fianchi; inoltre, durante i saltelli, bisogna muovere i polsi e non le spalle. Il dispendio energetico è marcato: 10 minuti di salto alla corda possono corrispondere a 10 minuti di corsa alla stessa intensità.

▸ **Elastici.** Hanno varie configurazioni:
- dynaband – una banda elastica di circa 1 m e larga 10 cm;
- xertube band – elastici tubolari (identico al laccio emostatico) con una lunghezza che varia dagli 80 cm a 1,50 m;
- rubber band – banda elastica circolare lunga circa 30 cm e alta 3 cm.

Tutti i tipi di elastico sono utilizzati con lo stesso tipo di contrazione muscolare. Si può pianificare l'intero lavoro, programmando all'interno di una sessione di ginnastica la fase di condizionamento muscolare con l'uso dei suddetti attrezzi, oppure creando un'intera sessione basata sul lavoro a circuito (*circuit training*).

▸ **Bastone.** È l'attrezzo semplice ed economico per eccellenza. Può essere impiegato per svolgere esercizi di mobilità articolare, di stretching, fino a quelli di tonificazione muscolare. In mancanza, anche il manico di una scopa va benissimo.

▸ **Barra isometrica.** Può essere posizionata tra le pareti interne di una porta; permette lo svolgimento di esercizi di allungamento, attraverso la semplice sospensione, e di tonoficazione per la muscolatura degli arti inferiori e addominale.

▸ **Body bar.** La body bar è una barra di ferro rivestita in materiale plastico lunga circa m 1,10 che varia dai 2 ai 6 kg. Viene usata con lo stesso criterio dei manubri, ma a differenza di questi, riesce a distribuire meglio il peso con un impugnatura più stabile ed essere quindi controllata meglio. Può essere utilizzata come appoggio al suolo e quindi facilitare il lavoro degli arti inferiori in stazione eretta (glutei, affondi, squats).

▸ **Bilancieri** (body pump). Negli anni Novanta, la tecnica di allenamento su una barra a peso fisso (body bar) si è sviluppata utilizzandone una a peso variabile. Il bilanciere che prima veniva utilizzato solo nella sala di body building, ora viene inserito nella sala di aerobica con delle lezioni precoreografate, senza impatto e spostamento, della durata di 45-60 minuti. La tecnica denominata body pump, ideata in Nuova Zelanda da Phillip Mills, è nata con lo scopo di creare una lezione con la quale coinvolgere il pubblico maschile nell'esecuzione di esercizi di potenziamento muscolare utilizzando la musica e allo stesso tempo di avvicinare il pubblico femminile all'utilizzo dei pesi. La tecnica del body pump utilizza dei bilancieri con dischi mobili da 1/2-1-2-5 kg che vengono a formare il carico da utilizzare nello sforzo. Gli esercizi sono eseguiti con brani musicali della durata di circa 4-5 minuti durante i quali vengono coinvolti i gruppi muscolari più importanti. Il metodo alterna ripetizioni di contrazioni muscolari a differenti velocità di esecuzione (da 1 a 4 tempi) in modo da permettere alle fibre muscolari un lavoro differenziato e completo.

▸ **Thighmaster.** Simile a un boomerang, in gomma, di origine americana, permette di tonificare distretti muscolari diversi: adduttori, abduttori, pettorali, deltoidi, ecc.

▸ **Mollettone.** Costituito da una molla d'acciaio lunga 60 cm circa, di 5 cm di diametro e con un'impugnatura alle estremità, ha il vantaggio di essere semplice nell'uso e di occupare poco spazio.

Permette di allenare soprattutto gli arti superiori (pettorali, bicipiti, tricipiti, deltoidi), con il supporto, però, degli addominali e del controllo della zona lombare (retroversione del bacino).

▸ **Estensori.** Sono costituiti da due impugnature tenute insieme da molle speciali; permettono di allenare i muscoli degli arti superiori (pettorali, bicipiti e tricipiti) e della schiena (gran dorsale). Hanno il vantaggio di favorire un carico di lavoro progressivo grazie proprio alla presenza delle molle.

▸ **Step e spring energy.** Lo step è una pedana rialzabile, statica, utilizzata per lo svolgimento di attività aerobiche, anche coreografate. Evoluzione dello step è lo spring energy, costituito da una pedana elastica che, rispetto allo step, rende dinamico e creativo il suo impiego. Consente di lavorare in piena sicurezza grazie ai supporti in gomma antiscivolo, attutisce l'impatto del piede sulla base di appoggio, evitando microtraumi o patologie osteoarticolari croniche alle strutture articolari superiori (caviglia, ginocchio, anca e colonna vertebrale), aiuta a mantenere la muscolatura lunga ed elastica, stimola la ricerca dell'equilibrio e la capacità di concentrazione, e tonifica cosce e glutei in particolare. Ambedue gli attrezzi permettono di lavorare a un buon livello di dispendio energetico.

▸ **Mini stepper.** Valido solo se si tiene sotto controllo la frequenza cardiaca, è utile per chi vuole concentrare il lavoro principalmente sui glutei.

▸ **Crunch trainer.** Apparentemente un attrezzo per chi non ama la fatica, è un facilitatore nello svolgimento di esercizi di tonificazione addominale poiché evita l'assunzione di posture scorrette durante l'allenamento. Utilizzando la forza delle braccia, permette di isolare lo sforzo mu-

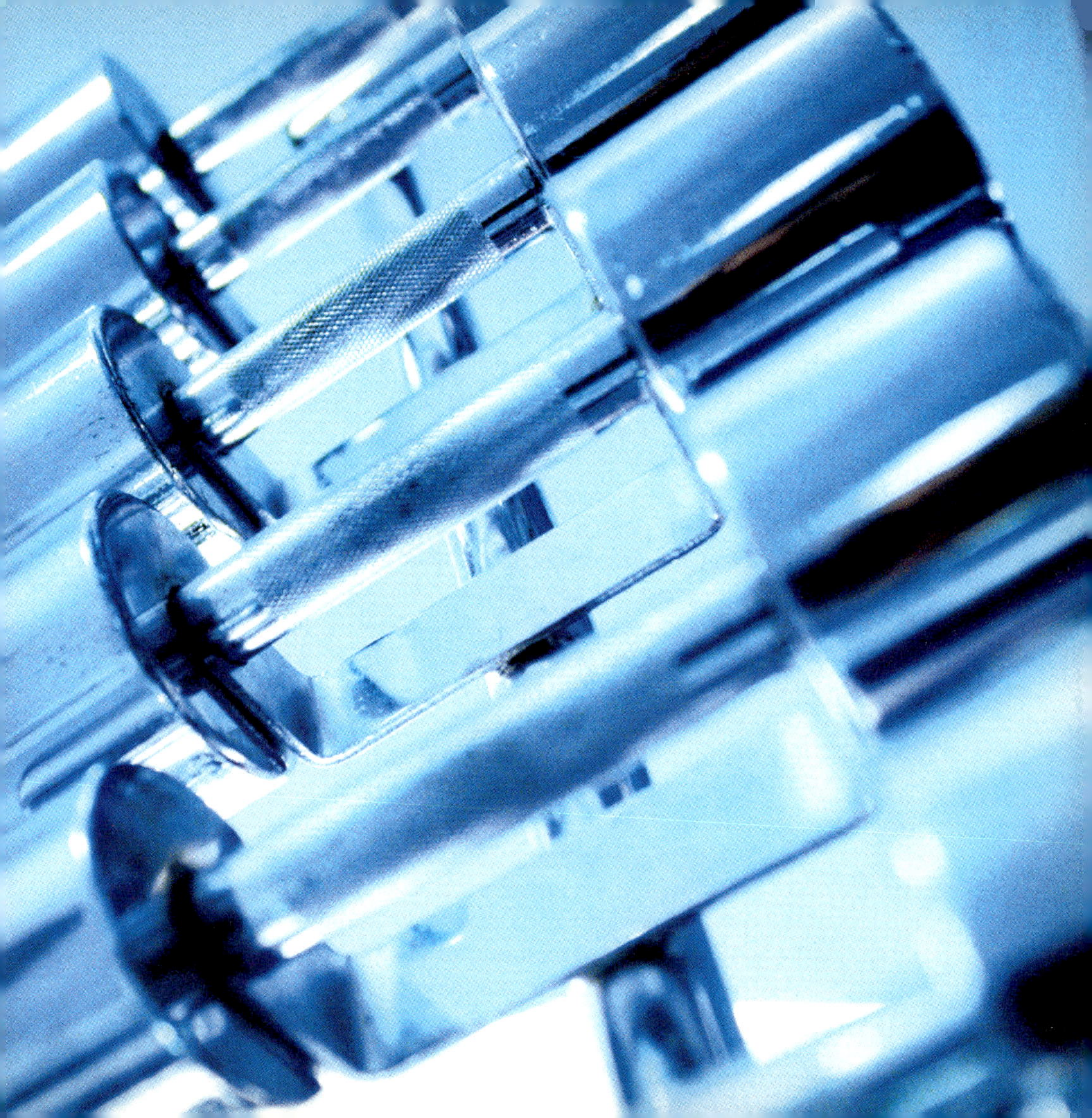

scolare all'addome. È composto da un tappetino e un piccolo cuscino nella parte superiore, su cui appoggiare la testa e che funge da sostegno.

▸ **Panca.** Ne esistono di vari tipi e specialità; quella utile in un allenamento in casa è il modello più semplice, su cui svolgere esercizi di tonificazione e potenziamento di gruppi muscolari diversi.

▸ **Cyclette** (bici da camera). Ottima anche per chi è assolutamente fuori forma od obeso; comoda perché mentre si pedala si può guardare la televisione o leggere un libro.

▸ **Spinbike.** La stationary bike utilizzata per lo spinning è diversa dalla cyclette nelle caratteristiche tecniche e di modalità di utilizzo e allenamento applicato. Innanzitutto, il telaio è molto robusto e regolabile in modo da essere adattato a tutte le altezze e morfologie, resiste a un alto grado di sollecitazioni meccaniche e usura al sudore; inoltre, il manubrio consente il corretto appoggio delle mani a tutte le andature.

▸ **Palline di gomma e palle psicomotorie.** Di facile e ampio utilizzo, comode da tenere a casa, permettono il potenziamento e la tonificazione di gruppi muscolari diversi. In particolare, le palline di gomma sollecitano la muscolatura e la circolazione di braccia e mani, permettono lo svolgimento di esercizi di rilassamento e coordinazione; le palle psicomotorie possono essere utilizzate in esercizi di coordinazione e riabilitazione, coinvolgendo arti superiori e inferiori.

▸ **Cardiofrequenzimetro e contapassi.** È composto da un trasmettitore toracico a elettrodi indossato tramite una cintura

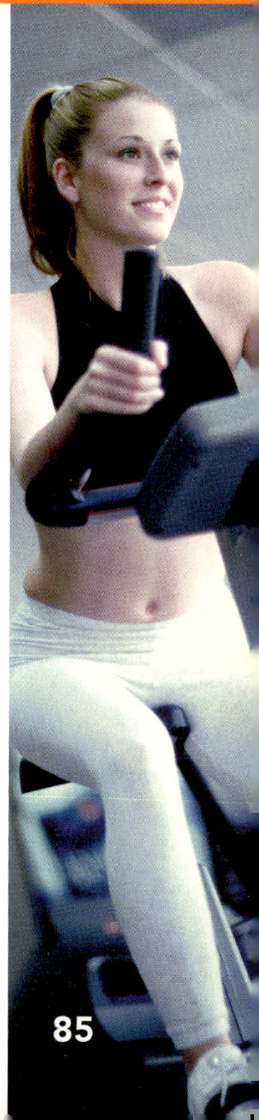

elastica che invia "amplificando" i segnali elettrici del battito cardiaco, a un ricevitore che visualizza, con un display a cristalli liquidi, i battiti cardiaci e numerose altre informazioni, fra le quali, l'indice di rilassamento cardiaco, la registrazione della frequenza cardiaca, i *target zone*. Le varie possibilità di utilizzo del cardiofrequenzimetro lo rendono un compagno prezioso in allenamento e in gara. La sua utilità tuttavia, viene determinata dalla nostra capacità d'interpretare i dati che offre. Il contapassi usa un sensore che registra ogni passo che si fa. Dopo aver impostato la lunghezza del passo, il contapassi calcola la distanza approssimativa percorsa camminando o correndo durante l'allenamento. La precisione della misurazione dipende dall'accuratezza della taratura della lunghezza del passo. La lunghezza del passo media durante la camminata dovrebbe essere uguale alla lunghezza del passo usata per la taratura. Bisogna ricordare di applicare il contapassi alla cintura o altro appiglio all'altezza dei fianchi per ottenere i migliori risultati.

▸ **Elettrostimolatori.** Quelli in commercio sono solitamente venduti con dei programmi prestabiliti a cui riferirsi per effettuare i trattamenti a cui si è interessati, siano questi nel campo dello sport (riscaldamento, forza, resistenza aerobica, forza resistente, forza esplosiva, recupero, capillarizzazione, decontratturante), dell'estetica (rassodamento, tonificazione, lipolisi, drenaggio) o del recupero da infortuni (programmi antalgici, ossia onde TENS). I vari programmi differiscono tra loro per tutta una serie di variabili, tra le quali l'impulso elettrico è forse la principale. Una volta iniziata la seduta di elettrostimolazione si percepirà solo la contrazione muscolare, variabile a seconda delle caratteristiche dell'impulso elettrico nelle specifiche fasi del programma.

gli esercizi

CALCOLARE IL LIVELLO DI ALLENAMENTO

Ogni tipo di attività fisica determina sull'organismo effetti di natura fisiologica che, in una ripetizione sistematica e continuativa nel tempo, scatena una reazione di difesa e adattamento con conseguenti risposte funzionali. Resistenza, flessibilità, velocità e forza costituiscono i parametri di riferimento per l'individuazione del livello di allenamento di ognuno di noi. Per migliorare la propria resistenza, bisogna, prima di tutto, rafforzare la muscolatura. Per farlo servono gli esercizi giusti, che abbiano le seguenti caratteristiche:

- mettere sotto sforzo i muscoli per un tempo non troppo breve e non troppo lungo;
- suddividere lo sforzo in diverse fasi che si ripetono più volte;
- comprendere momenti di pausa per recuperare fiato ed energia.

Le tecniche di allenamento più efficaci sono caratterizzate da:

- **lavoro continuo e uniforme**: cioè si compie uno sforzo che aumenta progressivamente in un arco di tempo definito;
- **lavoro continuo a ritmi variati**: consiste nel fare un'attività fisica che richiede resistenza (per esempio corsa, nuoto, ciclismo), variandola ogni tanto inserendo una salita o percorrendo un tratto a maggiore velocità;
- **interval training**: è il metodo con cui si alternano momenti di grande sforzo a momenti di riposo;
- **circuit training**: si eseguono esercizi diversi in successione, con o senza pause, per un determinato numero di volte o con una certa durata.

Allenarsi secondo le modalità che abbiamo appena descritto produce effetti molto importanti, quali:

- quando si è a riposo il ritmo cardiaco è più basso e regolare;
- il cuore aumenta di volume e ha più forza per contrarsi;
- aumenta la quantità di capillari in cui transita più sangue e quindi c'è un maggior afflusso di ossigeno ai tessuti e agli organi;
- diminuiscono i depositi di grasso nel corpo.

1 Misurare la resistenza: test di Cooper

Detto "di Cooper" (dal nome del medico della Nasa, che lo ha ideato), il "test dei 12 minuti" permette di valutare la resistenza fisica e il funzionamento dell'apparato respiratorio e di quello cardio-circolatorio. Il test consiste nel percorrere in 12 minuti la distanza più lunga possibile; dai metri percorsi nel tempo prescritto, è possibile stabilire qual è il consumo di ossigeno necessario per ognuno per compiere una determinata prestazione.

▸ **Svolgimento:** scegliete un percorso in piano di cui si conosce la lunghezza, meglio se all'aperto. Dopo un breve riscaldamento, con il supporto di un cronometro e un contachilometri, iniziare a correre con calma, aumentando progressivamente l'andatura senza che procuri affanno. Il test può anche essere svolto camminando, ma senza rallentare troppo. La cosa più importante è respirare secondo un ritmo sempre uguale, per sostenere lo sforzo con maggiore facilità: inspirare con il naso ed espirare con bocca e naso. Dopo 12 minuti, calcolare i metri percorsi e consultare la tabella secondo la fascia d'età di appartenenza.

Test di Cooper					
	sotto i 30 anni	30-39 anni	40-49 anni	dopo i 50 anni	resistenza
donne	fino a 1530 m	fino a 1370 m	fino a 1200 m	fino a 1150 m	molto scadente
	1530-1850 m	1370-1670 m	1200-1500 m	1150-1350 m	scadente
	1850-2150 m	1670-2000 m	1500-1850 m	1350-1650 m	discreta
	2150-2650 m	2000-2500 m	1850-2350 m	1650-2150 m	buona
	oltre 2650 m	oltre 2500	oltre 2350	oltre 2150	eccellente
uomini	fino a 1600 m	fino a 1530 m	fino a 1350 m	fino a 1300 m	molto scadente
	1600-2000 m	1530-1850 m	1350-1700 m	1300-1600 m	scadente
	2000-2400 m	1850-2150 m	1700-2100 m	1600-2000 m	discreta
	2400-2800 m	2150-2650 m	2100-2500 m	2000-2400 m	buona
	oltre 2800 m	oltre 2650 m	oltre 2500 m	oltre 2400 m	eccellente

2 Misurare la velocità: test dei 30 e 60 metri

La velocità è una qualità che dipende da molti fattori: dal buon funzionamento del sistema nervoso, che riceve i messaggi mandati dagli organi di senso e invia gli impulsi che permettono di reagire agli stimoli in tempi rapidi; dall'efficienza dei muscoli, infatti chi ha un'alta percentuale di fibre bianche riesce a contrarli più in fretta.

La velocità di movimento è al massimo del suo sviluppo tra i 18 e i 20 anni negli uomini e tra i 16 e i 18 anni nelle donne. Secondo gli esperti, è possibile migliorarla con l'allenamento, ma solo nella misura del 20%, esercitandola nelle sue diverse forme (esistono, infatti, diversi tipi di velocità).

Si tratta di prove di corsa veloce, su 30 o 60 metri; possono essere svolte sia dagli uomini che dalle donne, con la sola differenza dell'età: la corsa dei 30 metri è più indicata per chi ha meno di 30 anni, perché il percorso

DI QUANTO OSSIGENO ABBIAMO BISOGNO?

Quando respiriamo introduciamo ossigeno. Questo gas vitale passa dai polmoni nel sangue e, trasportato dall'emoglobina (globuli rossi), arriva fino ai muscoli. Un fisico a riposo consuma da 3 a 5 ml di ossigeno al minuto per ogni chilo di peso (0,3-0,5 l circa); in un fisico in movimento, il fabbisogno di ossigeno aumenta. Con l'età il bisogno tende a diminuire. Le donne consumano meno ossigeno degli uomini, favoriti da una minore massa grassa e da una più alta concentrazione di emoglobina.

Test dei 30 e 60 metri			
30 m	velocità	60 m	velocità
fino a 3"8	eccellente	fino a 7"4	eccellente
3"9-4"2	buona	7"5 - 8"0	buona
4"3 -5"2	discreta	8"1-8"4	discreta
più di 5"3	scadente	più di 8"5	scadente

è molto breve e, dunque, richiede uno sforzo che sollecita al massimo cuore e muscoli; quella dei 60 metri è indicata per tutti e consente di valutare anche il consumo di ossigeno dei muscoli, cioè il loro metabolismo.

▸ **Svolgimento:** dopo almeno quindici minuti di riscaldamento, indispensabile per evitare infortuni, scegliete un percorso in piano, usate solo scarpe da corsa e fate partire un cronometro e un contachilometri. Al termine, confrontare i risultati ottenuti con i valori commentati in tabella, ricordando che numeri come 4"2 equivalgono a quattro secondi e due decimi.

3 Misurare la flessibilità: test di allungamento

Avere una buona flessibilità significa essere in grado di compiere movimenti di massima ampiezza sfruttando l'elasticità dei muscoli e la scioltezza delle articolazioni: più sono ampi i movimenti, più aumenta l'efficacia

del gesto e la fatica si riduce. La mobilità articolare, qualità motoria di base, ha dei limiti naturali poiché i tendini e i legamenti non si estendono del tutto; inoltre, la particolare conformazione anatomica delle ossa che formano l'articolazione e la possibilità o meno dei muscoli di allungarsi interferiscono con la flessibilità.
Questo test permette di misurare il grado di flessibilità della schiena, delle anche e della parte posteriore delle gambe.

▸ **Svolgimento:** prima di cominciare, fissare a terra un centimetro da sarta; sedere a gambe tese e unite, piedi a martello, talloni sullo zero del centimetro. Flettersi in avanti e calcolare di quanti centimetri si riesce a superare i piedi con il dito medio. Ripetere il test per tre volte e poi leggere i risultati indicati in tabella.

Test di allungamento			
donne	flessibilità	uomini	flessibilità
da –5 a 0	scarsa	da –20 a –5	scarsa
da 0 a +5	sufficiente	da –5 a 0	sufficiente
da +5 a +10	discreta	da 0 a +5	discreta
da +10 a +15	buona	da +5 a +10	buona
oltre +15	eccellente	oltre +10	eccellente

STRETCHING e "STRETCH AND TONE"

È un insieme di stiramenti dei muscoli. È la tecnica più efficace per ottenere risultati in termini di scioltezza e mobilità; in più, permette di far prendere coscienza dei punti di tensione presenti nelle diverse fasce muscolari. Una buona flessibilità è fondamentale per evitare infortuni a muscoli e tendini causati da movimenti bruschi.
Tecnica molto in voga negli Stati Uniti, è uno stretching esasperato che permette ai muscoli di acquisire grande elasticità: si allunga un muscolo al massimo, si mantiene la posizione per qualche secondo e poi si lavora sul muscolo, con una serie rapida di contrazioni.

4 Misurare la forza: test per braccia e gambe

La forza è la capacità di opporsi a una resistenza esterna e/o di vincerla. Varia secondo l'età e il sesso: fino a 12 anni aumenta progressivamente, senza grandi differenze; in seguito negli uomini si registra un incremento maggiore per la quantità di massa muscolare. Nell'uomo rappresenta circa il 40% del peso totale; nella donna, invece, raggiunge solo il 33%. La capacità di forza di un muscolo dipende dal numero di fibre che lo compongono e quindi dal suo volume, ma anche dalla possibilità del sistema nervoso di stimolare il muscolo stesso. È per questo che in molti sport, specie nella lotta, può capitare di vedere l'atleta più robusto cedere a un avversario più snello, ma molto più reattivo.

I test a seguire misurano la condizione di forza nella parte superiore e in quella inferiore del corpo. Sono test detti "massimali" perché è necessario arrivare al massimo delle proprie capacità in un'unica ripetizione della prova.

▸ **Svolgimento del test per le braccia:** dalla posizione di partenza (per le donne, inginocchiate su un asciugamano piegato con i piedi incrociati; per gli uomini, sdraiati a terra a pancia in giù), mantenere la schiena ben sostenuta e rigida, appoggiare le mani a terra in linea con le spalle e con le dita in avanti; piegare le braccia fino a portare il gomito ad angolo retto, e poi distenderle. Continuare il movimento fino a raggiungere il massimo delle ripetizioni, senza mai fermarsi. Prestare attenzione alla respirazione: inspirare durante il piegamento ed espirare durante la distensione. Al termine, confrontare i risultati ottenuti con i valori illustrati in tabella.

Test per le braccia

	ripetizioni	forza		ripetizioni	forza
donne	da 10 a 15	sufficiente	uomini	da 10 a 20	sufficiente
	da 15 a 20	discreta		da 20 a 30	discreta
	da 20 a 30	buona		da 30 a 40	buona
	più di 30	eccellente		più di 40	eccellente

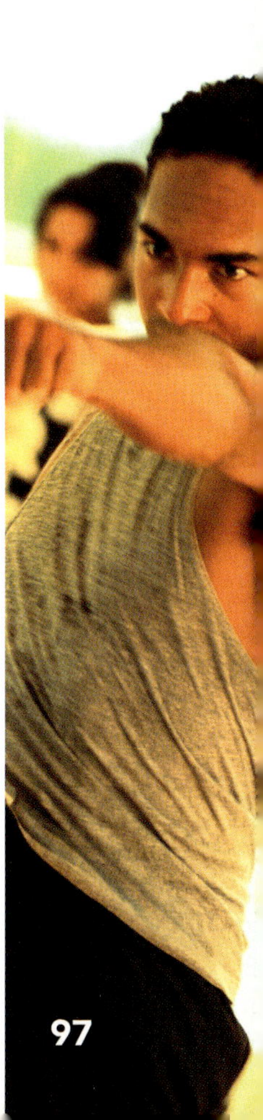

▸ **Svolgimento del test per le gambe:** indossare un paio di scarpe che impediscano di scivolare e munirsi di un cronometro. Con la schiena appoggiata a una parete, fare un passo in avanti, riunire i piedi e scivolare verso il basso piegando le gambe ad angolo retto. Mantenere la schiena ben appoggiata al muro e le spalle rilassate e rimanere in posizione il più a lungo possibile. Al termine confrontare i risultati ottenuti con i valori riportati in tabella (i numeri stanno a indicare i tempi e vanno letti così: 30″ = 30 secondi; 1′40″ = 1 minuto e 40 secondi).

Test per le gambe	
secondi	forza
20″ – 40″	sufficiente
40″ – 60″	discreta
60″ – 1′20″	buona
più di 1′20″	eccellente

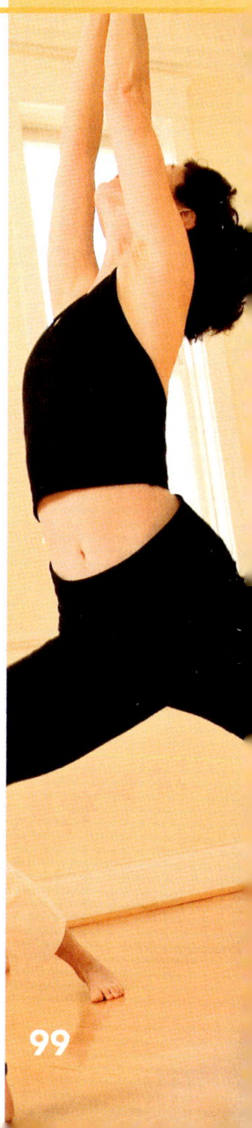

PROGRAMMARE LA SEDUTA DI ALLENAMENTO

La seduta di allenamento sarà articolata in una fase preparatoria, nell'allenamento vero e proprio e in una fase conclusiva. La fase preparatoria ha lo scopo di alleggerirvi dalle tensioni dei problemi quotidiani per favorire la concentrazione sull'allenamento, preparare fisicamente il corpo al lavoro da sostenere, aumentare la disponibilità psicologica. Sarà costituita dal cosiddetto "allenamento mentale" suddiviso in rilassamento, visualizzazione e respirazione profonda, e da un riscaldamento a base di saltelli, corsa lenta e altre attività fisiche assolutamente non impegnative né faticose. La fase conclusiva si baserà di nuovo su esercizi di rilassamento profondo.

Dove

Per praticare una seduta di allenamento non sono necessarie ampie superfici; va benissimo una stanza, la propria camera da letto, per esempio, avendo l'accortezza di aprire le finestre poco prima per renderla areata. Non ci dovrà essere né troppo freddo, né troppo caldo e sarebbe opportuno che rumori, persone, andirivieni non turbassero la seduta. Per gli esercizi a terra è necessario un tappeto o una coperta morbida che eviti il contatto col freddo del pavimento. La cosa migliore sarebbe avere un grande specchio col quale verificare le posizioni assunte, correggere eventuali errori di esecuzione per rendere più immediato e proficuo il lavoro di approfondimento della consapevolezza corporea. Anche all'aperto è possibile praticare una seduta di allenamento, a condizione che il clima sia favorevole e che si tratti di spazi ampi, ricchi di vegetazione, lontani dal traffico, dallo smog e dall'inquinamento acustico.

Quando

Nella maggior parte dei casi, la scelta è dettata da tutti gli altri impegni (in genere lavorativi) ai quali bisogna sottostare. Tuttavia, qualora si possa scegliere, quale sarebbe la soluzione più opportuna? La mattina, quando si ha lo stomaco leggero e si è riposati; il pomeriggio, quando si è rifornito l'organismo di un po' d'energia alimentare e si è superato il torpore del dopo sonno; la sera, quando il desiderio di relax rende più gradevole l'esercizio fisico? In realtà, ognuno di noi sceglie in un modo diverso, in funzione delle proprie caratteristiche e delle proprie sensazioni; l'orologio biologico regola il nostro organismo che sembra rispondere in modo differente secondo l'ora del giorno. Il momento più adatto è, dunque, quando se ne sente il bisogno.

Se si tratta di brevi movimenti che servono a interrompere stanchezza e tensioni, di certo è così. Invece, alla seduta di allenamento vera e propria va riservata un po' più di attenzione. Ci deve essere anzitutto il tempo di realizzarla senza fretta; si eviterà, inoltre, di allenarsi subito dopo mangiato, quando la digestione è in corso. I processi digestivi richiamano molto sangue nello stomaco e, siccome la quantità di sangue disponibile è limitata, questo è sottratto alla periferia del corpo, ai muscoli, che in tali condizioni non sono in grado di lavorare in piena efficienza. Sarà opportuno, quindi, attendere un'ora, un'ora e mezza, fino anche a tre ore se il pasto è stato particolarmente abbondante, prima di iniziare l'allenamento.

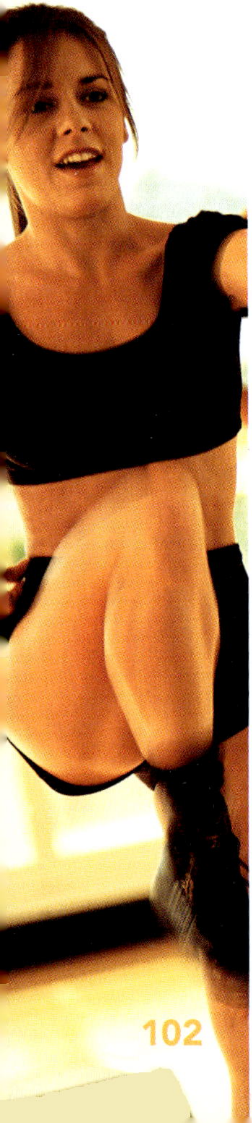

Come

Un programma di allenamento equilibrato può durare dai 20-30 minuti ai 60, con una frequenza minima di due volte la settimana, affinché risulti efficace, fino a quattro/cinque volte, in modo da permettere sufficienti intervalli di riposo e recupero muscolare.

Il livello di allenamento va individuato, sulla base dei risultati ottenuti dai test di misurazione proposti poco prima, nel paragrafo *Calcolare il livello di allenamento*, come segue:

- **se nei test avete ottenuto risultati scarsi**, seguite il livello principiante per un mese, poi passate a quello intermedio e, dopo un altro mese, a quello avanzato. Negli esercizi con i pesi, gli uomini useranno quelli da 5 kg, le donne quelli da 3. Ricominciate, quindi, dal livello principiante, aumentando di 2 chili i pesi dei manubri e aggiungendo cavigliere da 5 kg per lui e da 3 per lei (vedi il capitolo *La palestra in casa*);
- **se nei test avete ottenuto risultati sufficienti o discreti**, seguite il livello intermedio; dopo quattro settimane, passate a quello avanzato per un mese. Negli esercizi con i pesi, gli uomini useranno quelli da 5 kg, le donne quelli da 3. Ricominciate, quindi, dal livello intermedio, aumentando di 2 chili i pesi dei manubri e aggiungendo cavigliere da 5 kg per lui e da 3 per lei (vedi il capitolo *La palestra in casa*);
- **se nei test avete ottenuto risultati buoni o eccellenti**, seguite il livello avanzato per un mese. Negli esercizi con i pesi, gli uomini useranno quelli da 5 kg, le donne quelli da 3. Ricominciate, quindi, aumentando di 2 chili i pesi dei manubri e aggiungendo cavigliere da 5 kg per lui e da 3 per lei (vedi il capitolo *La palestra in casa*).

Ogni programma di allenamento deve essere caratterizzato da una corretta respirazione e dalle fasi di riscaldamento, attività di tonificazione e/o potenziamento muscolare, attività aerobica e rilassamento. Ipotizzando una seduta di allenamento di 60 minuti, la articoleremo come segue: 10 minuti di riscaldamento, 20 minuti di attività di tonificazione e/o potenziamento muscolare, 25 minuti di attività aerobica e 5 minuti di rilassamento.

Il modo migliore e più semplice di fare riscaldamento è quello di eseguire a velocità, intensità e forza ridotte il movimento che si sta per compiere dopo avere fatto qualche movimento di attivazione più generale, per esempio con una piccola corsa o una breve pedalata (da 5 a 10 minuti), con l'aggiunta di esercizi di allungamento muscolo-tendineo (svolgere i seguenti esercizi della parte *Stretching* in quest'ordine: n. 100, 99, 84, 91, 95, 96, 97, 79).

La durata della fase di riscaldamento varia a seconda dell'età dell'atleta, del livello di qualificazione raggiunto e del tipo di impegno che si deve affrontare e va dai 10 minuti circa per i principianti fino ai 20-30 minuti e oltre per gli atleti di alto livello.

Le attività di tonificazione e/o potenziamento muscolare avranno una durata compresa fra i 15 e i 25 minuti e consisteranno nello svolgimento di alcuni fra gli esercizi proposti nelle schede a

seguire (scelti liberamente nell'ambito del proprio livello di allenamento), per gruppi muscolari (per esempio: il lunedì e il giovedì ci si concentrerà sul lavoro degli arti inferiori e dei glutei, invece il mercoledì e il sabato si faranno lavorare le braccia, le spalle e gli addominali).
L'attività aerobica va svolta per minimo 20 minuti e può essere diversificata tra bici, corsa, camminata, nuoto (a parte quest'ultimo, tutte sostituibili con piccoli attrezzi da tenere in casa come la cyclette, il tapis roulant, lo step o il mini stepper).
Il rilassamento avrà una durata di 5 minuti e consisterà nell'allungamento delle parti del corpo lavorate durante la seduta di allenamento (per esempio: esercizi di stretching per i glutei se avrete lavorato sui glutei, per gli addominali se avrete lavorato sugli addominali, ecc.) e conterrà sempre esercizi di rilassamento per la schiena e per il collo.
Il programma di allenamento più adeguato alle proprie esigenze può essere scelto fra quelli proposti nel paragrafo *Gli obiettivi da raggiungere* (pp. 66 e sgg.) del capitolo *Allenamento e obiettivi*; a seguire, inoltre, un programma base, di livello principiante, per sfruttare al meglio i pochissimi momenti liberi.

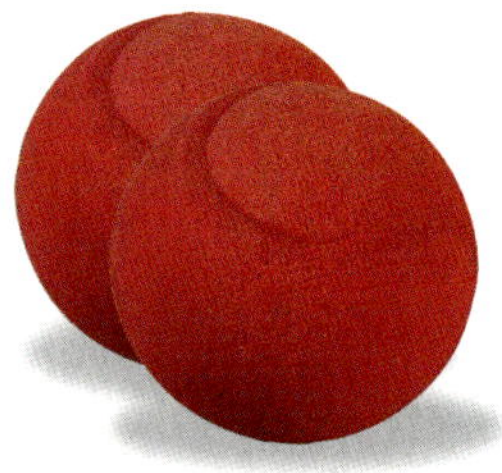

IN FORMA IN 15 MINUTI

Se i ritmi della giornata non permettono di andare in palestra, ecco una semplice e rapida sequenza d'esercizi. Il programma è diviso in tre momenti della giornata, mattino, pausa pranzo, sera, e ogni parte è dedicata ad un'area differente del corpo.

Mattino

- Addominali: scegliere uno fra gli esercizi n. 20, 21 e 22 e alternarli durante gli allenamenti successivi.
- Glutei: scegliere uno fra gli esercizi n. 1, 2, 3 e 8 e alternarli durante gli allenamenti successivi.
- Interno coscia: svolgere l'esercizio n. 6.
- Esterno coscia: svolgere l'esercizio n. 7.

Pausa pranzo

- Ventre piatto: scegliere uno fra gli esercizi n. 23, 24 e 25 e alternarli durante gli allenamenti successivi.
- Portamento: scegliere uno fra gli esercizi n. 13 e 14 e alternarli durante gli allenamenti successivi.

Sera

- Braccia: scegliere uno fra gli esercizi n. 10, 12, 15, 16, 17, 18 e 19 e alternarli durante gli allenamenti successivi.
- Spalle: scegliere uno fra gli esercizi n. 10, 11, 12 e 16 e alternarli durante gli allenamenti successivi.

	Esercizi specifici per gruppi muscolari, fasce di età, obiettivi																				
n. esercizi	**1**	**2**	**3**	**4**	**5**	**6**	**7**	**8**	**9**	**10**	**11**	**12**	**13**	**14**	**15**	**16**	**17**	**18**	**19**	**20**	**21**
addome																				✓	✓
bassa schiena													✓								
braccia										✓		✓		✓	✓	✓		✓	✓		
busto																					
collo																					
cosce	✓	✓	✓	✓	✓	✓	✓														
glutei	✓	✓	✓					✓													
petto																	✓				
polpacci									✓												
spalle										✓	✓				✓	✓					
adolescenza	✓	✓	✓	✓	✓	✓	✓	✓	✓	✓	✓	✓	✓	✓	✓	✓	✓	✓	✓	✓	✓
menopausa	✓	✓	✓	✓	✓	✓	✓	✓												✓	✓
terza età																					
perdere peso	✓	✓	✓	✓	✓	✓	✓	✓												✓	✓
tonificare	✓	✓	✓	✓	✓	✓	✓	✓	✓	✓	✓	✓	✓	✓	✓	✓	✓	✓	✓	✓	✓
potenziare																					
elasticizzare													✓								
addominali																				✓	✓
cellulite	✓	✓	✓	✓	✓	✓	✓	✓													
glutei e cosce	✓	✓	✓	✓	✓	✓	✓	✓													
cervicale e mal di schiena																					
post parto	✓	✓	✓	✓	✓	✓	✓	✓					✓							✓	✓
postura corretta										✓	✓	✓	✓		✓	✓				✓	✓
muoversi in ufficio									✓												

24	25	26	27	28	29	30	31	32	33	34	35	36	37	38	39	40	41	42	43	44	45	46	47	48	49	50
✓	✓													✓											✓	✓
											✓							✓	✓	✓	✓	✓	✓	✓		
														✓				✓	✓							
		✓	✓	✓	✓	✓	✓	✓																		
		✓	✓	✓		✓			✓																	
																		✓								
										✓																
											✓	✓	✓		✓	✓	✓									
✓	✓																									
✓	✓																									
✓	✓	✓	✓	✓	✓	✓	✓	✓	✓																✓	✓
✓	✓	✓	✓	✓	✓	✓	✓	✓	✓	✓	✓	✓	✓	✓	✓			✓	✓	✓	✓	✓	✓	✓	✓	✓
		✓	✓	✓	✓	✓	✓	✓	✓	✓	✓	✓	✓		✓	✓	✓								✓	✓
														✓												
✓	✓													✓											✓	✓
		✓	✓	✓	✓	✓	✓	✓	✓																	
		✓	✓	✓	✓	✓	✓	✓	✓																	
																									✓	✓
✓	✓																									
✓	✓										✓	✓	✓		✓	✓	✓	✓	✓						✓	✓
										✓				✓												

	Esercizi specifici per gruppi muscolari, fasce di età, obiettivi																				
n. esercizi	**51**	**52**	**53**	**54**	**55**	**56**	**57**	**58**	**59**	**60**	**61**	**62**	**63**	**64**	**65**	**66**	**67**	**68**	**69**	**70**	**71**
addome	✓	✓	✓																		✓
bassa schiena																					
braccia														✓					✓	✓	
busto																	✓	✓			
collo																					
cosce				✓	✓	✓	✓	✓	✓	✓											
glutei				✓	✓	✓		✓			✓										
petto																	✓	✓			
polpacci												✓									
spalle													✓	✓	✓	✓	✓				
adolescenza																					
menopausa																					
terza età																					
perdere peso	✓	✓	✓	✓	✓	✓	✓	✓	✓	✓	✓										
tonificare	✓	✓	✓	✓	✓	✓	✓	✓	✓	✓	✓	✓	✓	✓	✓	✓	✓	✓	✓	✓	✓
potenziare	✓	✓	✓	✓	✓	✓	✓	✓	✓	✓	✓	✓	✓	✓	✓	✓	✓	✓	✓	✓	✓
elasticizzare																					
addominali	✓	✓	✓																		✓
cellulite				✓	✓	✓	✓	✓	✓	✓	✓										
glutei e cosce				✓	✓	✓	✓	✓	✓	✓	✓										
cervicale e mal di schiena	✓	✓	✓																		
post parto																					
postura corretta	✓	✓	✓										✓	✓	✓	✓		✓			✓
muoversi in ufficio																					

• Principiante dal n. 1 al n. 25; • intermedio dal n. 26 al n. 53; • avanzato dal n. 54 al n. 73; • stretching dal n. 74 al n. 100.

74	75	76	77	78	79	80	81	82	83	84	85	86	87	88	89	90	91	92	93	94	95	96	97	98	99	100
																		✓	✓	✓	✓	✓	✓	✓		
													✓	✓	✓	✓										
																	✓									
																									✓	✓
✓	✓	✓	✓	✓	✓	✓	✓	✓																		
									✓																	
	✓	✓	✓		✓	✓																				
									✓	✓	✓	✓														
✓	✓	✓	✓	✓	✓	✓	✓	✓	✓	✓	✓	✓	✓	✓	✓	✓	✓	✓	✓	✓	✓	✓	✓		✓	✓
✓	✓	✓	✓	✓	✓	✓	✓	✓	✓	✓	✓	✓	✓	✓	✓	✓	✓	✓	✓	✓	✓	✓	✓		✓	✓
✓	✓	✓	✓	✓	✓	✓	✓	✓	✓	✓	✓	✓	✓	✓	✓	✓	✓	✓	✓	✓	✓	✓	✓		✓	✓
✓	✓	✓	✓	✓	✓	✓	✓	✓	✓	✓	✓	✓	✓	✓	✓	✓	✓	✓	✓	✓	✓	✓	✓		✓	✓
								✓							✓	✓		✓	✓	✓	✓	✓	✓		✓	✓
✓	✓	✓	✓	✓	✓	✓	✓	✓	✓						✓	✓										
								✓	✓	✓	✓	✓			✓	✓		✓	✓	✓	✓	✓	✓	✓	✓	✓
✓					✓	✓		✓	✓	✓	✓	✓	✓	✓	✓	✓	✓			✓					✓	✓

esercizi evidenziati in rosso contengono indicazioni di svolgimento anche per i livelli intermedio e avanzato.

1

▸ **Aree lavorate:** **cosce, natiche**
▸ **Muscoli usati:** **quadricipiti, glutei**

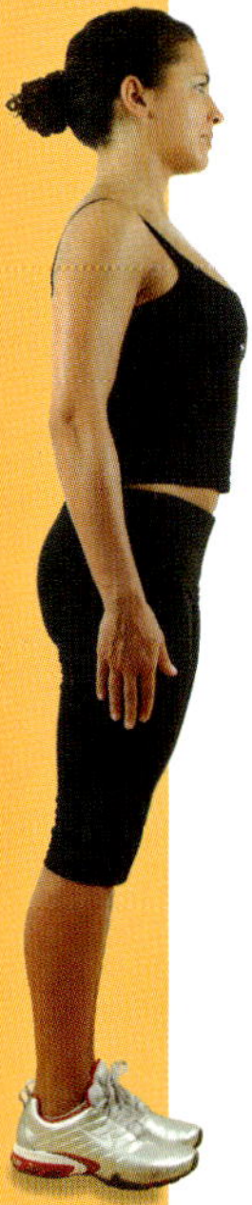

1 In piedi, schiena dritta, petto in fuori, addominali contratti, retroversione del bacino.

COSA FARE ☺

Mantenere le cosce e le ginocchia in linea con i piedi e la retroversione del bacino.

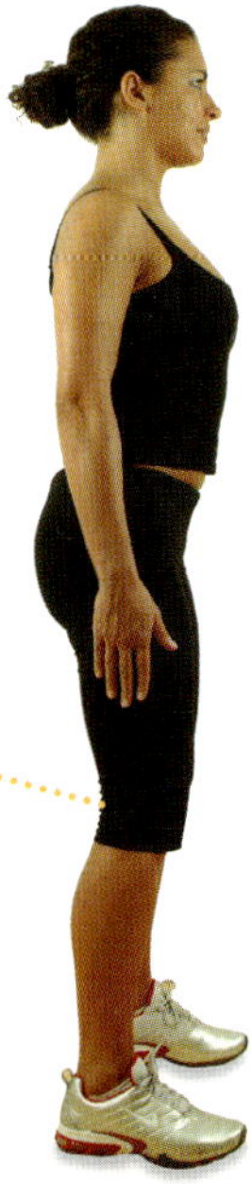

2 Allargare le gambe alla stessa larghezza del bacino, con le punte dei piedi rivolte in avanti. Piegare leggermente le gambe. Mantenere il peso del corpo centrato sul bacino per tutta la durata dell'esercizio.

uomini					
settimane	1-2	3-4	5-6	7-8	9-10
rip x serie	8x1	12x1	8x2	12x2	10x3

3 Inspirando, portare avanti il piede destro, mantenendolo in linea con la gamba. Accertarsi che i piedi siano sempre rivolti in avanti e che il ginocchio destro sia ad angolo retto con tallone e punta.

Assicurarsi di mantenere la gamba che lavora in linea: il tallone, la caviglia, la coscia e l'anca devono risultare in asse, in modo da non creare tensioni sul ginocchio e sulla zona lombare.

4 Piegare il ginocchio sinistro, fermandosi a circa 15 cm dal pavimento. Espirare riportando indietro la gamba destra e tornando in piedi. Spingere sul tallone. Completare una serie e poi passare alla gamba sinistra.

donne					
settimane	1-2	3-4	5-6	7-8	9-10
rip x serie	6x1	10x1	6x2	10x2	8x3

arti inferiori ▸ squats

2

▸ **Aree lavorate: cosce, natiche**
▸ **Muscoli usati: quadricipiti, glutei**

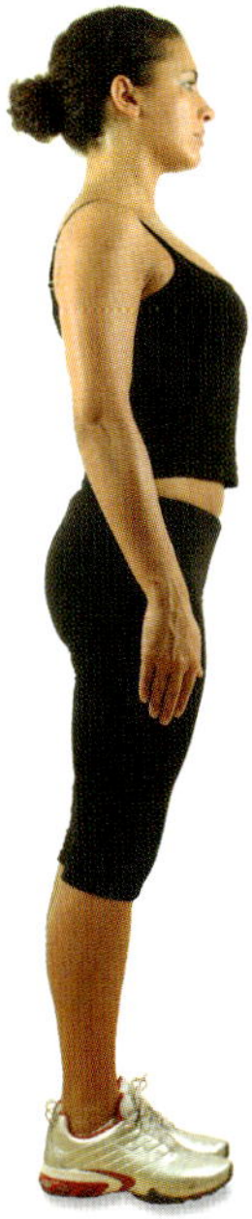

1 In piedi, schiena dritta, petto in fuori, addominali contratti, retroversione del bacino.

COSA FARE ☺

Mantenere sempre i talloni a terra.

2 Allargare le gambe portandole alla stessa larghezza del bacino, con le punte dei piedi rivolte in avanti. Mantenere le cosce e le ginocchia in linea con i piedi. Portare le mani alla vita o appoggiarle sulle cosce.

uomini					
settimane	1-2	3-4	5-6	7-8	9-10
rip x serie	10x1	14x1	10x2	14x2	12x3

3 Inspirando, piegare le gambe, mantenendo il peso centrato sulle caviglie e la schiena e il busto ben dritti. Portare le spalle leggermente in avanti. Espirare ritornando nella posizione di partenza.

COSA FARE

Accertarsi che le ginocchia siano in linea con i piedi.

COSA NON FARE

Attenzione a non scendere mai con il bacino oltre l'altezza delle ginocchia, a mantenere le cosce parallele al pavimento e i talloni a terra, e a non inarcare la schiena.

Sarebbe utile lavorare di fronte a uno specchio per controllare la postura, con le spalle in avanti e le ginocchia in linea con i piedi. Nel caso di difficoltà a mantenere i talloni a terra, appoggiarli su un rialzo (pesi a disco, un libro, una sbarra).

donne					
settimane	1-2	3-4	5-6	7-8	9-10
rip x serie	8x1	12x1	8x2	12x2	10x3

3

▸ **Aree lavorate:** cosce, natiche

▸ **Muscoli usati:** quadricipiti, glutei

1 In piedi, schiena dritta, petto in fuori, addominali contratti, retroversione del bacino. Allargare le gambe un po' più della larghezza delle spalle, con le punte dei piedi rivolte a 45° verso l'esterno. Mantenere cosce e ginocchia in linea con i piedi.

uomini					
settimane	1-2	3-4	5-6	7-8	9-10
rip x serie	10x1	14x1	10x2	14x2	12x3

2 Spalle rilassate e sguardo in avanti. Inspirando, piegare lentamente le gambe, mantenendo il peso centrato sulle caviglie, e appoggiare le mani sulle cosce o sulla spalliera di una sedia. Espirare ritornando nella posizione di partenza.

COSA NON FARE

Attenzione a non scendere mai con il bacino oltre l'altezza delle ginocchia.

donne					
settimane	1-2	3-4	5-6	7-8	9-10
rip x serie	8x1	12x1	8x2	12x2	10x3

4

▸ **Aree lavorate:** **cosce**
▸ **Muscoli usati:** **quadricipiti**

1 Distendersi sulla schiena, appiattendo la zona lombare sul pavimento. Contrarre gli addominali, rilassare la testa e guardare verso l'alto. Braccia lungo il corpo con i palmi appoggiati a terra.

2 Piegare le ginocchia e sollevarle fino a formare un angolo di 90° con le cosce. Mantenere le punte dei piedi in estensione e la testa in linea sulla colonna, senza forzare sul collo.

uomini					
settimane	1-2	3-4	5-6	7-8	9-10
rip x serie	10x1	14x1	10x2	14x2	12x3

Livello:
principiante

3 Respirare naturalmente e distendere le gambe in alto. Talloni in estensione, piedi flessi e ginocchia parallele. Inspirando, flettere lentamente le ginocchia, come indicato al punto 2. Ripetere fino a completamento delle serie.

COSA FARE

Mantenere la posizione con le ginocchia morbide.

Nel caso di difficoltà a mantenere la zona lombare aderente al pavimento, è sufficiente mettere un cuscino sotto la testa.

donne					
settimane	1-2	3-4	5-6	7-8	9-10
rip x serie	8x1	12x1	8x2	12x2	10x3

arti inferiori ▸ curls

5

▸ **Aree lavorate: cosce**
▸ **Muscoli usati: ischio crurali**

1 A terra, in posizione prona, con le braccia distese lungo il corpo.

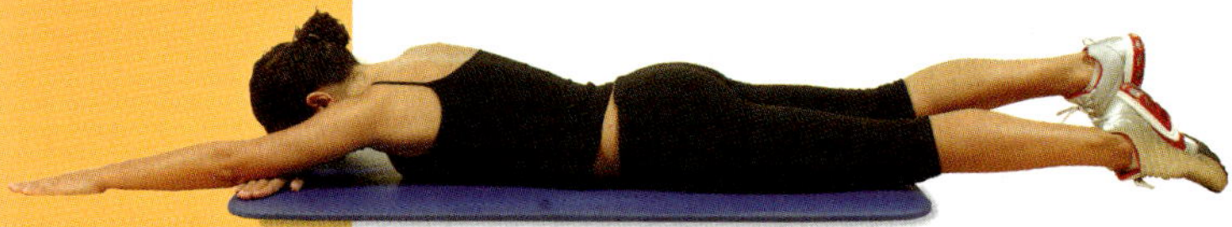

2 Piegare il braccio destro, appoggiare la fronte sull'avambraccio e distendere il braccio sinistro in avanti. Addominali contratti. Spingere le anche verso il pavimento. Mantenere le ginocchia parallele e flettere il piede destro.

uomini					
settimane	1-2	3-4	5-6	7-8	9-10
rip x serie	10x1	14x1	10x2	14x2	12x3

3 Spingendo con il tallone e inspirando, piegare il ginocchio e portare la gamba destra a un angolo di 90°. Espirando, flettere il piede destro dietro a 90°, spingendo con il tallone.

COSA FARE

Mantenere le anche ben appoggiate al pavimento.

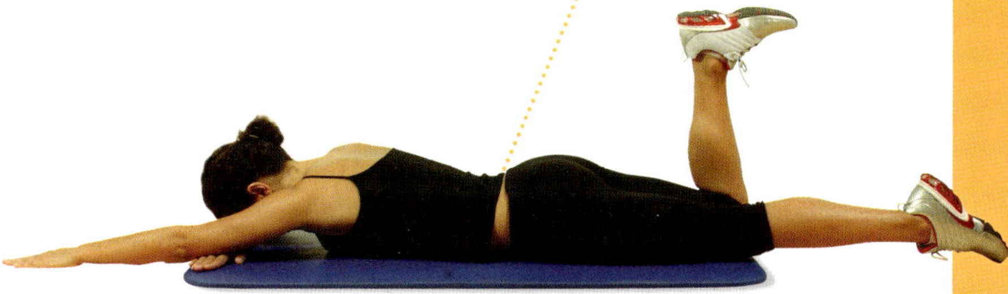

4 Mantenere la posizione per qualche secondo e poi, inspirando, riportare lentamente la gamba verso terra fino a circa 5 cm dal pavimento, controllando il movimento. Completare una serie e poi ripetere l'esercizio con la gamba sinistra, mantenendo la destra a terra.

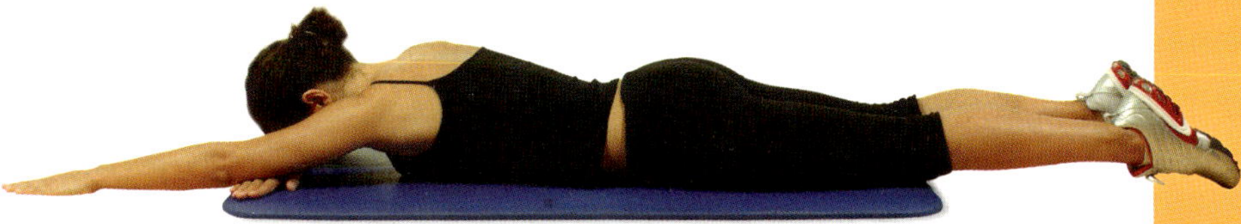

donne					
settimane	1-2	3-4	5-6	7-8	9-10
rip x serie	8x1	12x1	8x2	12x2	10x3

arti inferiori ▸ adduttori

6

▸ **Aree lavorate: interno cosce**
▸ **Muscoli usati: adduttori**

1 Distendersi sulla schiena. Appiattire la zona lombare sul pavimento con retroversione del bacino e addominali contratti. Braccia rilassate lungo il corpo con i palmi appoggiati a terra. Rilassare la testa e le spalle.

2 Inspirare ed, espirando, sollevare le gambe a squadra e portare i talloni in estensione, senza forzare la zona del collo.

uomini					
settimane	1-2	3-4	5-6	7-8	9-10
rip x serie	8x1	12x1	8x2	12x2	10x3

3 Inspirando, divaricare le gambe senza eccedere, spingere con i talloni e mantenere i piedi flessi e le gambe dritte. Mantenere la posizione per qualche secondo al massimo dell'estensione e poi, espirando, chiudere lentamente le gambe.

VARIANTE

L'esercizio può essere svolto anche con il supporto di una palla: stringerla tra le ginocchia e allentare, alternando il movimento con ripetizioni lente.

COSA FARE

Mantenere la zona lombare al pavimento.

Per evitare di causare dolori cervicali, mettere un cuscino sotto la testa.

donne					
settimane	1-2	3-4	5-6	7-8	9-10
rip x serie	6x1	10x1	6x2	10x2	8x3

7

▸ **Aree lavorate: esterno cosce**
▸ **Muscoli usati: abduttori**

1 Distendersi sul fianco sinistro con la schiena dritta, il bacino in linea e i piedi uniti. Appoggiare la testa sull'avambraccio sinistro. Mantenere testa, spalle, ginocchia e caviglie in linea. Contrarre gli addominali.

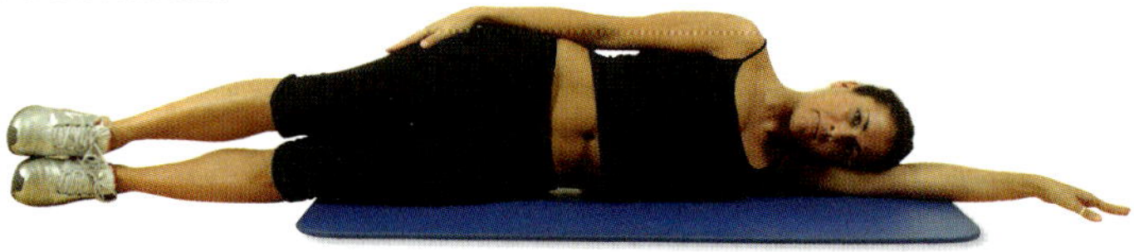

2 Piegare e portare in avanti la gamba sinistra, come appoggio. Appoggiare la mano destra sul pavimento davanti al busto. Inspirare. Mantenere la gamba destra dritta, con il ginocchio rivolto in avanti e il piede flesso, appoggiato a terra.

COSA FARE

Stare leggermente in avanti in maniera da impedire al fianco destro di ruotare indietro.

uomini					
settimane	1-2	3-4	5-6	7-8	9-10
rip x serie	8x1	12x1	8x2	12x2	10x3

3 Espirando, sollevare lentamente la gamba destra, spingendo con la parte esterna del tallone, senza eccedere nell'apertura. Mantenere la gamba dritta.

4 Mantenere la posizione per qualche secondo poi, inspirando, riportare verso terra la gamba fino a 5 cm circa dal pavimento, senza toccarlo. Completare una serie e poi distendersi sul fianco destro e ripetere l'esercizio con la gamba sinistra.

donne					
settimane	1-2	3-4	5-6	7-8	9-10
rip x serie	6x1	10x1	6x2	10x2	8x3

arti inferiori ▸ glutei a terra

8

▸ **Aree lavorate: natiche**
▸ **Muscoli usati: glutei**

COSA FARE

Mantenere le gambe dritte, le ginocchia parallele e i glutei contratti.

1 A terra, in posizione prona. Spingere le anche verso il pavimento, addominali contratti e retroversione del bacino. Appoggiare la fronte sull'avambraccio sinistro e distendere il braccio destro in avanti con il palmo sul pavimento.

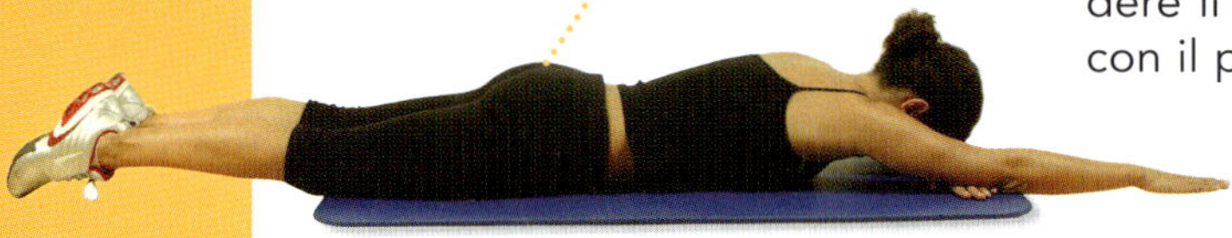

2 Assicurarsi che la testa sia bene in linea con la colonna. Flettere il piede sinistro e inspirare.

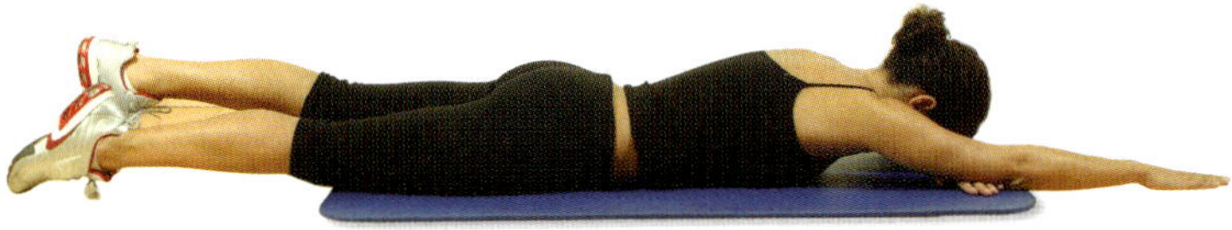

uomini					
settimane	1-2	3-4	5-6	7-8	9-10
rip x serie	8x1	12x1	8x2	12x2	10x3

3 Espirando, sollevare il piede sinistro, mantenendo la gamba tesa, fino al punto in cui la posizione rimane comoda senza arrivare ad inarcare la schiena. Spingere con il tallone.

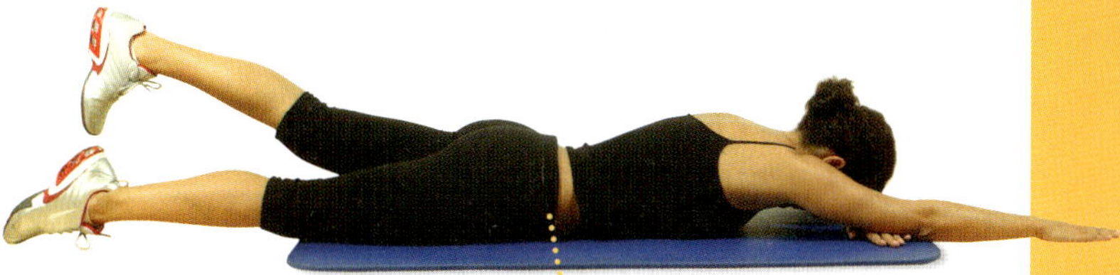

4 Mantenere la posizione per qualche secondo e poi riportare giù la gamba fino a che la punta del piede non abbia toccato il pavimento. Completare una serie con la gamba sinistra e poi ripetere l'esercizio con la gamba destra.

COSA FARE

Mantenere il bacino aderente al pavimento.

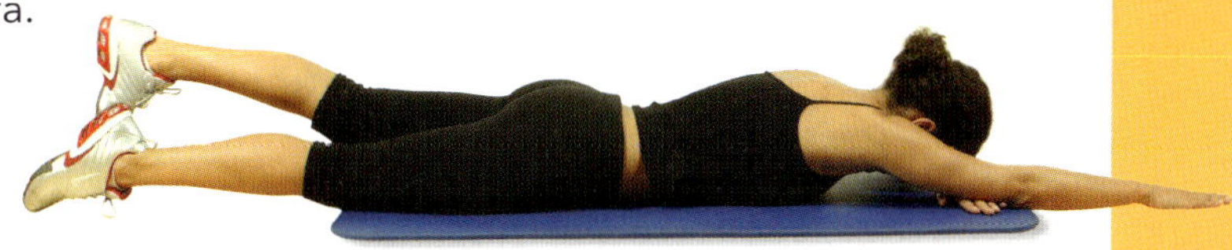

donne					
settimane	1-2	3-4	5-6	7-8	9-10
rip x serie	6x1	10x1	6x2	10x2	8x3

9

▸ **Aree lavorate: polpacci**
▸ **Muscoli usati: gastrocnemio, soleo**

1 In piedi, schiena dritta, busto eretto e addominali contratti. Retroversione del bacino. Allargare i piedi portandoli alla stessa larghezza del bacino, con le punte rivolte in avanti. Piegare leggermente le ginocchia. Mantenere il bacino rivolto in avanti e le ginocchia in linea con i piedi. Sguardo in avanti e mani in appoggio sulla spalliera di una sedia. Assicurarsi che la testa sia in linea con la colonna. Inspirare.

VARIANTE

Nel caso in cui l'esercizio dovesse risultare troppo intenso, eseguirlo da seduti anziché in piedi, sollevando i talloni da terra il più possibile, senza staccare però le punte dal pavimento.

uomini					
settimane	1-2	3-4	5-6	7-8	9-10
rip x serie	10x1	14x1	10x2	14x2	12x3

2 Espirando, sollevarsi sulle punte dei piedi. Mantenere la posizione per qualche secondo, contraendo al massimo i muscoli dei polpacci.

3 Inspirando riportare lentamente i talloni a terra.

donne					
settimane	1-2	3-4	5-6	7-8	9-10
rip x serie	8x1	12x1	8x2	12x2	10x3

10

▸ **Aree lavorate:** **spalle, busto, parte post. delle braccia**
▸ **Muscoli usati:** **pettorali, deltoidi anteriori, tricipiti**

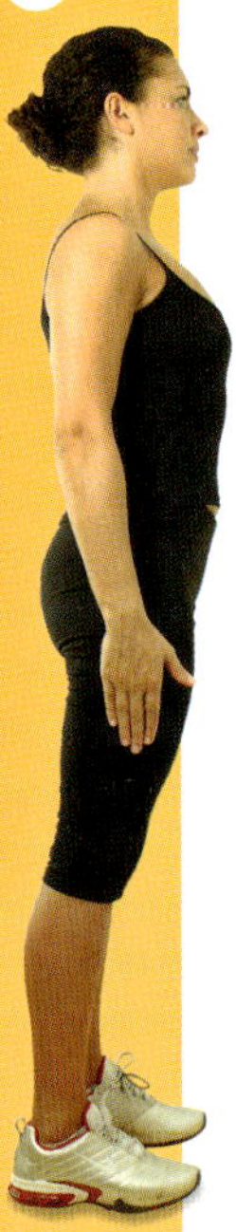

1 In piedi, a una distanza di circa 60 cm dal muro, portare i piedi alla stessa larghezza del bacino. Mantenere la schiena dritta, il busto eretto e gli addominali contratti. Effettuare la retroversione del bacino mantenendolo in posizione frontale.

COSA FARE

Mantenere la testa in linea con la colonna e guardare in avanti.

2 Appoggiare le mani al muro, all'altezza e all'ampiezza delle spalle. Le punte delle dita sono rivolte verso l'alto.

uomini					
settimane	1-2	3-4	5-6	7-8	9-10
rip x serie	8x1	12x1	8x2	12x2	10x3

3 Inspirando, piegare i gomiti e avvicinarsi al muro, mantenendo la schiena piatta e le gambe dritte. Cercare di toccare il muro con la punta del naso. Mantenere la posizione per qualche secondo e poi tornare nella posizione di partenza, distendendo le braccia. Fare una breve pausa tra una ripetizione e l'altra.

donne					
settimane	1-2	3-4	5-6	7-8	9-10
rip x serie	6x1	10x1	6x2	10x2	8x3

spalle ▸ alzate laterali

11

▸ **Aree lavorate:** **spalle**
▸ **Muscoli usati:** **deltoidi**

1 In piedi, schiena dritta, petto in fuori e addominali contratti. Afferrare un paio di pesi idonei al proprio livello di allenamento, con le braccia davanti alle cosce.

2 Allargare i piedi alla stessa larghezza del bacino. Mantenere il bacino frontale e in retroversione. Flettere leggermente le gambe. Piegare leggermente i gomiti e inspirare.

uomini					
settimane	1-2	3-4	5-6	7-8	9-10
rip x serie princ.	8x1	12x1	8x2	12x2	10x3
rip x serie interm.	8x2	12x2	8x3	12x3	10x4
rip x serie avanz.	8x3	12x3	8x4	12x4	10x4

3 Espirando, estendere le braccia lateralmente, spingendo con i gomiti e le nocche delle mani. Mantenere le braccia dritte, ma non in tensione, e portarle all'altezza delle spalle (non oltre), facendo attenzione a non bloccare i gomiti. Mantenere i pesi paralleli al pavimento. Mantenere la posizione per qualche secondo e poi, inspirando, tornare nella posizione di partenza.

VARIANTE

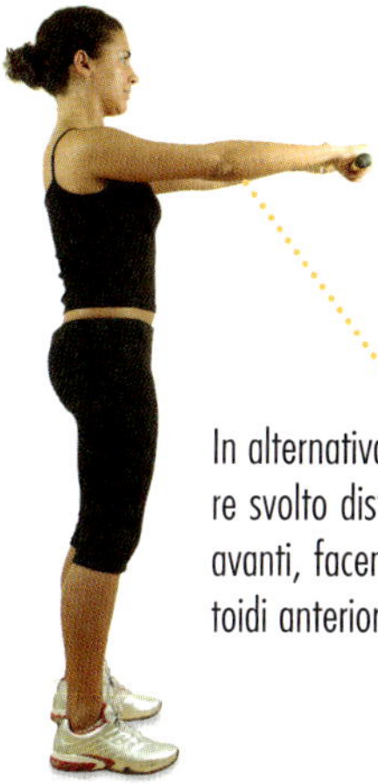

In alternativa, l'esercizio può essere svolto distendendo le braccia in avanti, facendo così lavorare i deltoidi anteriori in misura maggiore.

Prima di usare un peso maggiore, assicurarsi di avere raggiunto il livello di allenamento adeguato. Aumentare i pesi troppo presto può compromettere la tecnica e provocare infortuni.

donne					
settimane	1-2	3-4	5-6	7-8	9-10
rip x serie princ.	6x1	10x1	6x2	10x2	8x3
rip x serie interm.	6x2	10x2	6x3	10x3	8x4
rip x serie avanz.	6x3	10x3	6x4	10x4	8x4

spalle ▸ spinte in alto con i manubri

12

▸ **Aree lavorate: spalle, parte alta della schiena, parte post. delle braccia**

▸ **Muscoli usati: deltoidi, trapezio, tricipiti**

1 Seduti su una panca o su una sedia, afferrare un paio di manubri, con le braccia lungo i fianchi. Schiena dritta, petto in fuori e addominali contratti. Piedi alla larghezza del bacino, in retroversione.

2 Portare i pesi all'altezza delle spalle con i palmi in avanti e i polsi dritti. Mantenere la testa in linea con la colonna e guardare in avanti. Inspirare.

uomini					
settimane	1-2	3-4	5-6	7-8	9-10
rip x serie princ.	8x1	12x1	8x2	12x2	10x3
rip x serie interm.	8x2	12x2	8x3	12x3	10x4
rip x serie avanz.	8x3	12x3	8x4	12x4	10x4

3 Espirando, piegare leggermente i gomiti e portare i manubri verso l'alto, estendendo le braccia. Mantenere la posizione per qualche secondo e poi, inspirando, riportare i manubri all'altezza delle spalle. Completate le serie, riporre i manubri a terra.

VARIANTE

Questo esercizio può essere svolto anche sollevando in maniera alternata i manubri, anziché contemporaneamente.

COSA FARE

Spingere con le nocche, sempre rivolte verso il soffitto.

donne					
settimane	1-2	3-4	5-6	7-8	9-10
rip x serie princ.	6x1	10x1	6x2	10x2	8x3
rip x serie interm.	6x2	10x2	6x3	10x3	8x4
rip x serie avanz.	6x3	10x3	6x4	10x4	8x4

13

▸ **Aree lavorate: parte media e bassa della schiena**
▸ **Muscoli usati: erettore spinale**

1 In posizione prona, gambe distese, piedi uniti con le punte appoggiate al pavimento. Estendere le braccia sopra la testa e appoggiarle a terra. Mantenere la fronte a terra e la testa in linea con la colonna durante tutto l'esercizio. Contrarre gli addominali e spingere il bacino a terra. Glutei contratti. Inspirare.

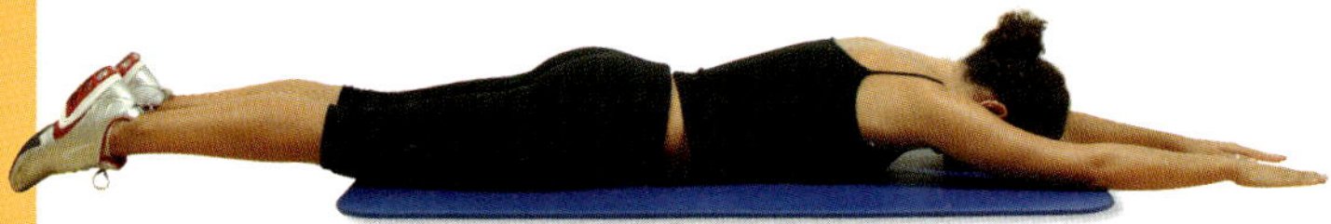

2 Espirando, sollevare il braccio destro, spingendo con le dita, e la gamba sinistra, spingendo con il tallone, fino a un'altezza che permetta un movimento comodo. Mantenere la posizione per qualche secondo e poi, inspirando, ritornare nella posizione di partenza.

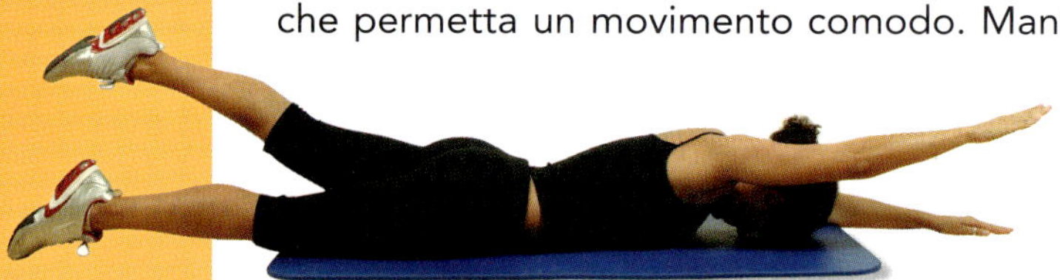

uomini					
settimane	1-2	3-4	5-6	7-8	9-10
rip x serie princ.	8x1	12x1	8x2	12x2	10x3
rip x serie interm.	8x2	12x2	8x3	12x3	16x2

3 Ripetere l'esercizio con la gamba destra e il braccio sinistro.

COSA FARE

Assicurarsi di lavorare con la stessa intensità sui due lati.

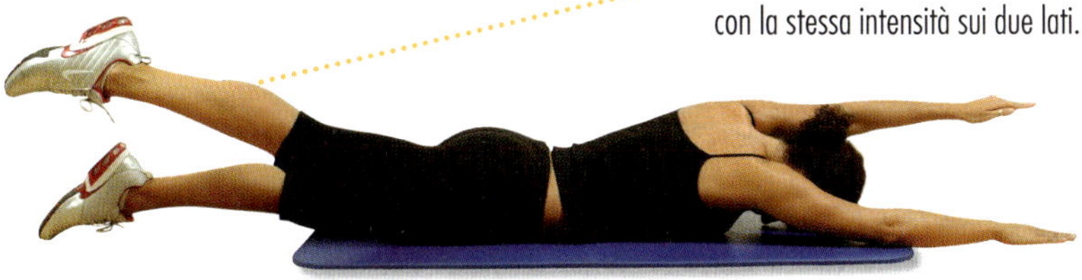

COSA NON FARE

Evitare di alzare la testa e di ruotare l'anca per non incidere sulla zona lombare.

donne					
settimane	1-2	3-4	5-6	7-8	9-10
rip x serie princ.	6x1	10x1	6x2	10x2	8x3
rip x serie interm.	6x2	10x2	6x3	10x3	14x2

schiena ▸ trazioni con bastone

14

▸ **Aree lavorate:** **parte posteriore e anteriore delle braccia**
▸ **Muscoli usati:** **trapezio, bicipiti, brachiale**

1 In piedi, i piedi un po' più larghi del bacino con le punte in avanti. Afferrare un bastone con le mani all'altezza delle cosce.

2 Schiena dritta, petto in fuori e addominali contratti. Piegare le gambe e avvicinare il busto alle cosce. Mantenere la testa in linea con la colonna e guardare avanti.

uomini					
settimane	1-2	3-4	5-6	7-8	9-10
rip x serie princ.	8x1	12x1	8x2	12x2	10x3
rip x serie interm.	8x2	12x2	8x3	12x3	10x4
rip x serie avanz.	8x3	12x3	12x4	12x4	10x4

3 Impugnare il bastone con le mani alla larghezza delle spalle e inspirare.

4 Espirando, portare lentamente il bastone verso la parte alta dell'addome, esattamente sotto la cassa toracica. Spingere con i gomiti e mantenere la schiena piatta. Mantenere la posizione per qualche secondo e poi, inspirando, riportare il bastone a terra.

VARIANTE

In alternativa, l'esercizio può essere svolto utilizzando una sbarra di ferro o un paio di manubri, e quindi aumentando il peso da sollevare.

donne					
settimane	1-2	3-4	5-6	7-8	9-10
rip x serie princ.	6x1	10x1	6x2	10x2	8x3
rip x serie interm.	6x2	10x2	6x3	10x3	8x4
rip x serie avanz.	6x3	10x3	6x4	10x4	8x4

busto ▸ piegamenti sulle braccia

15

▸ **Aree lavorate: petto, parte post. delle braccia, parte ant. delle spalle**
▸ **Muscoli usati: pettorali, tricipiti, deltoidi anteriori**

COSA FARE ☺

Assicurarsi che le dita siano rivolte in avanti.

1 In posizione prona, con i piedi alla larghezza del bacino. Appoggiare le mani a terra all'altezza delle spalle e 30 cm per lato più larghe delle stesse.

2 Spingere il peso del corpo in avanti, in modo da avere il busto un po' più avanti delle mani. Spingersi verso l'alto, premendo su punte dei piedi e mani.

COSA FARE ☺

Mantenere la schiena piatta, gli addominali contratti e la testa in linea con la colonna.

uomini					
settimane	1-2	3-4	5-6	7-8	9-10
rip x serie princ.	8x1	12x1	8x2	12x2	10x3
rip x serie interm.	8x2	12x2	8x3	12x3	16x2
rip x serie avanz.	8x3	12x3	8x4	12x4	16x4

3 Espirando, ritornare nella posizione di partenza. Mantenere la posizione per qualche secondo e poi, espirando, spingersi di nuovo verso l'alto. Sarebbe preferibile non riposare tra una ripetizione e l'altra.

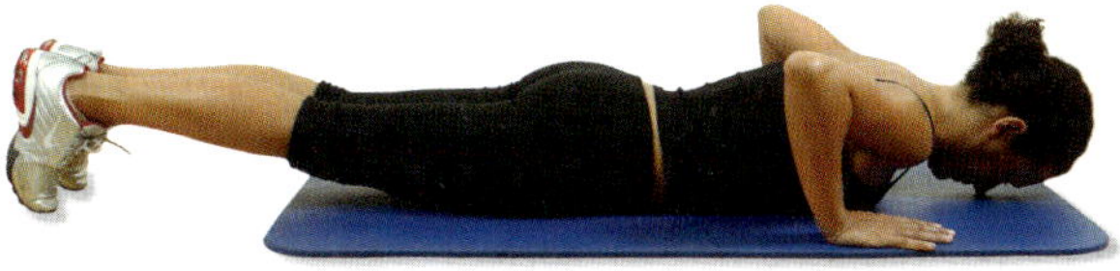

COSA NON FARE

Fare attenzione a non bloccare i gomiti e non inarcare la schiena durante tutta la durata dell'esercizio.

donne					
settimane	1-2	3-4	5-6	7-8	9-10
rip x serie princ.	6x1	10x1	6x2	10x2	8x3
rip x serie interm.	6x2	10x2	6x3	10x3	14x2
rip x serie avanz.	6x3	10x3	6x4	10x4	14x3

In alternativa, l'esercizio può essere svolto come descritto nell'esercizio n.10 di questo stesso livello, ma con le braccia più larghe per potenziare i pettorali piuttosto che le spalle.

busto ▸ distensione delle braccia sullo step

16

▸ **Aree lavorate:** **petto, parte post. delle braccia, parte ant. delle spalle**

▸ **Muscoli usati:** **pettorali, tricipiti, deltoidi anteriori**

COSA FARE

In caso di difficoltà, mettere un appoggio sotto i piedi.

1 In posizione supina con il busto sdraiato su uno step, i piedi appoggiati al pavimento, le gambe piegate e leggermente divaricate alla stessa larghezza delle spalle. Mantenere la zona lombare il più possibile aderente allo step, ma senza sforzare. Testa in linea con la colonna e addominali contratti.

uomini					
settimane	1-2	3-4	5-6	7-8	9-10
rip x serie princ.	8x1	12x1	8x2	12x2	10x3
rip x serie interm.	8x2	12x2	8x3	12x3	10x4
rip x serie avanz.	8x3	12x3	8x4	12x4	10x4

Livello:
principiante

2 Afferrare un paio di manubri e allargare le braccia alla stessa larghezza delle spalle, i polsi dritti e le nocche verso l'alto. Portare i manubri in linea con il busto e inspirare.

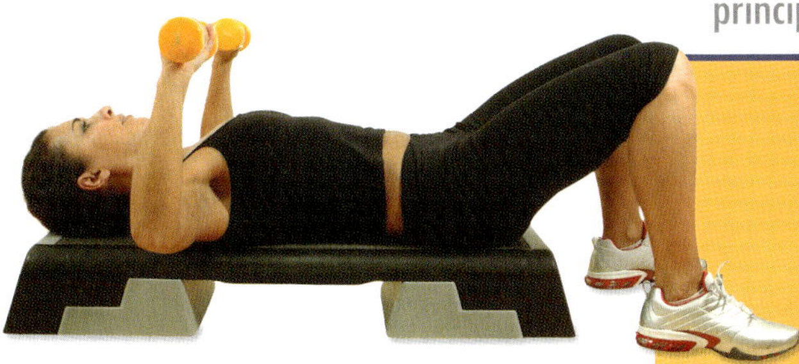

3 Espirando, distendere le braccia spingendo con le nocche e mantenendo il movimento dei manubri parallelo. Non bloccare i gomiti. Mantenere la posizione per qualche secondo e poi, inspirando, riportare i manubri al petto, spingendo con i gomiti.

donne					
settimane	1-2	3-4	5-6	7-8	9-10
rip x serie princ.	6x1	10x1	6x2	10x2	8x3
rip x serie interm.	6x2	10x2	6x3	10x3	8x4
rip x serie avanz.	6x3	10x3	6x4	10x4	8x4

Sarebbe consigliabile svolgere l'esercizio con l'assistenza di un partner, che controlli il movimento delle braccia e soprattutto dei manubri.

busto ▸ trazioni

17

▸ **Aree lavorate: petto**
▸ **Muscoli usati: pettorali, dorsali**

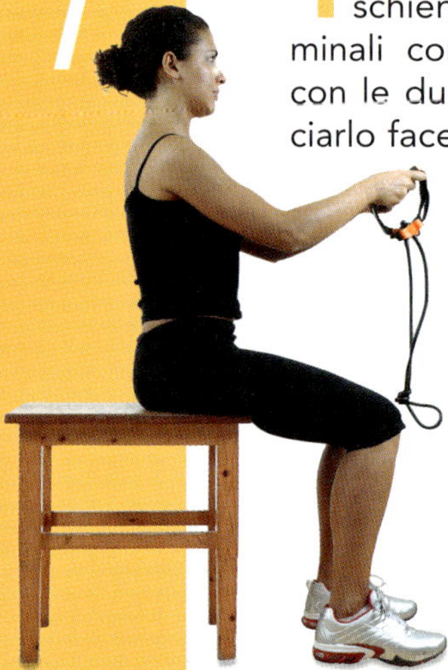

1 Seduti su una panca o su una sedia, schiena dritta, petto in fuori, addominali contratti. Afferrare un elastico con le due mani (se necessario, accorciarlo facendo un nodo).

2 Inspirare ed, espirando, portare l'elastico dietro le spalle, sotto le scapole; portare le braccia alla stessa altezza delle spalle.

uomini					
settimane	1-2	3-4	5-6	7-8	9-10
rip x serie princ.	8x1	12x1	8x2	12x2	10x3
rip x serie interm.	8x2	12x2	8x3	12x3	10x4
rip x serie avanz.	8x3	12x3	8x4	12x4	10x4

3 Inspirare ed, espirando, distendere le braccia avanti.

VARIANTE

In alternativa, l'esercizio può essere svolto con il supporto di una palla di gommapiuma: afferrarla con le due mani, mantenerla all'altezza del petto con i gomiti piegati e in linea con le spalle, e premere con i palmi, con movimenti ripetuti.

donne					
settimane	1-2	3-4	5-6	7-8	9-10
rip x serie princ.	6x1	10x1	6x2	10x2	8x3
rip x serie interm.	6x2	10x2	6x3	10x3	8x4
rip x serie avanz.	6x3	10x3	6x4	10x4	8x4

braccia ▸ curl con i manubri

18

▸ **Aree lavorate:** **parte anteriore delle braccia, avambracci**
▸ **Muscoli usati:** **bicipiti, brachiale**

1 Afferrare un paio di manubri con la presa verso l'alto e tenerli davanti alle cosce. In piedi, allargare le gambe alla stessa larghezza del bacino e guardare in avanti. Piegare leggermente le gambe. Schiena dritta, petto in fuori e addominali contratti. Mantenere la testa in linea con la colonna. Rilassare le spalle e mantenere la parte alta delle braccia aderente al corpo. Piegare leggermente i gomiti e portarli un po' in avanti, usandoli come punto di equilibrio. Mantenere i polsi dritti e le nocche rivolte in avanti. Inspirare.

uomini					
settimane	1-2	3-4	5-6	7-8	9-10
rip x serie princ.	8x1	12x1	8x2	12x2	10x3
rip x serie interm.	8x2	12x2	8x3	12x3	10x4
rip x serie avanz.	8x3	12x3	8x4	12x4	10x4

2 Espirando, portare lentamente i manubri verso la parte alta delle braccia, che rimarrà sempre aderente al busto. Polsi dritti.

COSA NON FARE

Attenzione a non iperestendere i gomiti.

3 Mantenere la posizione e poi, inspirando, ritornare nella posizione di partenza.

donne					
settimane	1-2	3-4	5-6	7-8	9-10
rip x serie princ.	8x1	12x1	8x2	12x2	10x3
rip x serie interm.	8x2	12x2	8x3	12x3	10x4
rip x serie avanz.	8x3	12x3	8x4	12x4	10x4

È facile che nello svolgimento di questo esercizio si tenda a portare i gomiti in avanti, allontanandoli dal corpo, facendo intervenire la schiena in supporto delle ultime ripetizioni più impegnative. Per evitare questo, provare a premere la schiena contro un muro o a lavorare le braccia in maniera alternata.

braccia ▸ affondi sui tricipiti

19

▸ **Aree lavorate:** parte posteriore delle braccia
▸ **Muscoli usati:** tricipiti

1 Sedersi sul lato di uno step con le mani appoggiate e rivolte in avanti.

2 Sollevarsi, spingendo sulle mani, e mantenendo la schiena dritta, il petto in fuori e gli addominali contratti. Assicurarsi che la testa sia in linea con la colonna. Portare le gambe in avanti, piegandole, e mantenere i piedi ben appoggiati a terra, allargati quanto l'ampiezza del bacino.

uomini					
settimane	1-2	3-4	5-6	7-8	9-10
rip x serie princ.	10x1	14x1	10x2	14x2	12x3
rip x serie interm.	10x2	14x2	10x3	14x3	12x4
rip x serie avanz.	10x3	14x3	10x4	14x4	12x4

3 Inspirando, piegare le braccia. Scendere con il corpo in linea retta, al massimo delle proprie possibilità di forza e flessibilità. Mantenere la schiena molto vicina allo step, quasi a toccarlo.

VARIANTE

L'esercizio può essere reso più intenso se svolto sedendosi su una panca o una sedia, assicurandosi che siano ben stabili.

4 Mantenere la posizione e poi, espirando, spingere sulle braccia, e non sulle gambe, per ritornare nella posizione di partenza.

Maggiore è la distanza delle gambe, più impegnativo è l'esercizio. Per aumentare la difficoltà, appoggiare i piedi su un rialzo.

donne					
settimane	1-2	3-4	5-6	7-8	9-10
rip x serie princ.	8x1	12x1	8x2	12x2	10x3
rip x serie interm.	8x2	12x2	8x3	12x3	10x4
rip x serie avanz.	8x3	12x3	8x4	12x4	10x4

addominali ▸ crunch con ginocchio al petto

20

▸ **Aree lavorate:** **addome**

▸ **Muscoli usati:** **retto addominale, muscoli zona pelvica**

COSA FARE ☺

Far aderire la zona lombare al pavimento, in modo che non ci sia nessun arco.

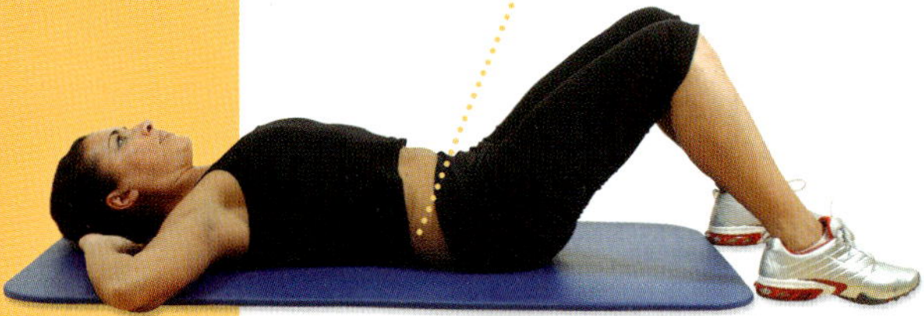

1 Distesi sulla schiena, con le gambe piegate e allargate alla stessa ampiezza del bacino, i piedi ben appoggiati a terra. Mani dietro la nuca. Contrarre gli addominali a fondo. Assicurarsi che la testa sia in linea con la colonna.

2 Inspirando, stendere la gamba destra e sollevarla fino a raggiungere una distanza di circa 15 cm dal suolo.

uomini					
settimane	1-2	3-4	5-6	7-8	9-10
rip x serie	10x1	14x1	10x2	14x2	12x3

3 Espirando, sollevare lentamente le spalle da terra e contemporaneamente avvicinare il ginocchio destro al petto, mantenendo la gamba piegata.

4 Mantenere la posizione e poi, inspirando, ritornare alla posizione di partenza, senza rilassare gli addominali. Ripetere l'esercizio con la gamba sinistra.

donne					
settimane	1-2	3-4	5-6	7-8	9-10
rip x serie	8x1	12x1	8x2	12x2	10x3

Per evitare di tirare il collo, è importante contrarre gli addominali prima di sollevare le spalle. Per aiutarsi a svolgere l'esercizio correttamente, immaginare di avere un'arancia sotto al mento: guardando troppo in alto cadrebbe e guardando troppo in basso si schiaccerebbe.

addominali ▸ crunch con un braccio disteso

21

▸ **Aree lavorate:** addome
▸ **Muscoli usati:** retto addominale

1 Distesi a terra sulla schiena, con le gambe piegate e allargate quanto l'ampiezza del bacino, i piedi ben appoggiati a terra. Contrarre gli addominali a fondo e assicurarsi che la testa sia in linea con la colonna.

COSA FARE

Far aderire la zona lombare al pavimento, in modo che non ci sia nessun arco.

2 Portare la mano destra alla nuca e quella sinistra sulla coscia sinistra. Inspirare.

uomini					
settimane	1-2	3-4	5-6	7-8	9-10
rip x serie princ.	10x1	14x1	10x2	14x2	12x3
rip x serie interm.	10x2	14x2	10x3	14x3	17x3

3 Espirando, sollevare lentamente le spalle da terra, mantenendo gli addominali contratti e la testa in linea con la colonna. Salendo con il busto, far scivolare il palmo sinistro sul ginocchio. Eseguire dei movimenti piccoli.

COSA FARE ☺

Assicurarsi che la zona lombare sia completamente appoggiata a terra e che il gomito destro sia aperto.

4 Mantenere la posizione e poi, inspirando, scendere con le spalle a terra, senza rilassare gli addominali. Sfiorare il pavimento con le spalle e ripetere. Completare una serie e poi ripetere con la mano sinistra dietro la nuca e la destra a toccare il ginocchio destro.

donne					
settimane	1-2	3-4	5-6	7-8	9-10
rip x serie princ.	8x1	12x1	8x2	12x2	10x3
rip x serie interm.	8x2	12x2	8x3	12x3	15x3

↓

Per rendere questo esercizio più impegnativo, provare ad andare con la mano oltre il ginocchio, oppure è anche possibile mettere un peso leggero sul petto. Fare attenzione, nei due casi, a mantenere gli addominali sempre contratti, per tutta la durata dell'esercizio.

addominali ▸ retroversione del bacino

22

▸ **Aree lavorate: addome**
▸ **Muscoli usati: retto addominale**

1 Distesi sulla schiena, piegare le gambe e portarle alla stessa larghezza del bacino, con i piedi ben appoggiati a terra. Far aderire bene la zona lombare al pavimento, in modo che non ci sia nessun arco. Contrarre a fondo gli addominali e assicurarsi che la testa sia in linea con la colonna.

2 Aprire le braccia e inspirare.

uomini					
settimane	1-2	3-4	5-6	7-8	9-10
rip x serie princ.	10x1	14x1	10x2	14x2	12x3
rip x serie interm.	10x2	14x2	10x3	14x3	17x3
rip x serie avanz.	14x3	17x3	22x3	27x3	32x3

3 Immaginare di avere un pezzo di spago attaccato alla parte bassa dell'addome: espirando, tirare lentamente lo spago con la mano sinistra in modo da sollevare la parte bassa dell'addome e portare le anche verso di sé. Mantenere la posizione per qualche secondo. Inspirando, ritornare alla posizione di partenza.

donne					
settimane	1-2	3-4	5-6	7-8	9-10
rip x serie princ.	8x1	12x1	8x2	12x2	10x3
rip x serie interm.	8x2	12x2	8x3	12x3	15x3
rip x serie avanz.	10x3	12x3	16x3	20x3	25x3

23

▸ **Aree lavorate: addome**
▸ **Muscoli usati: retto addominale**

1 Distesi a terra sulla schiena, con le gambe piegate e allargate quanto l'ampiezza del bacino, i piedi ben appoggiati a terra. Far aderire la zona lombare al pavimento, in modo che non ci sia nessun arco. Contrarre gli addominali a fondo e assicurarsi che la testa sia in linea con la colonna.

2 Inspirando, distendere dietro le braccia e sollevare le gambe in modo da formare un angolo di 90° tra cosce e busto. Piedi paralleli e a martello.

uomini					
settimane	1-2	3-4	5-6	7-8	9-10
rip x serie princ.	8x1	12x1	8x2	12x2	10x3
rip x serie interm.	8x2	12x2	8x3	12x3	15x3
rip x serie avanz.	12x3	15x3	20x3	25x3	30x3

3 Espirando e spingendo sugli addominali bassi, portare lentamente le ginocchia verso il petto e sollevare il bacino da terra, senza dondolare. Mantenere gli addominali contratti. Mantenere la posizione per qualche secondo al massimo dello sforzo.

4 Inspirando, ritornare nella posizione di partenza, senza toccare a terra con i piedi e mantenendo le gambe a squadra. Ripetere l'esercizio fino a completamento della serie.

donne					
settimane	1-2	3-4	5-6	7-8	9-10
rip x serie princ.	6x1	10x1	6x2	10x2	8x3
rip x serie interm.	6x2	10x2	6x3	10x3	13x3
rip x serie avanz.	8x3	10x3	14x3	18x3	23x3

addominali ▸ torsioni

24

▸ **Aree lavorate:** **addome, interno cosce**
▸ **Muscoli usati:** **obliqui esterni, adduttori**

1 A terra, in posizione supina, con le gambe piegate e aperte alla stessa larghezza del bacino, i piedi ben appoggiati a terra. La zona lombare deve aderire bene al pavimento, in modo da non formare alcun arco con la schiena. Contrarre gli addominali a fondo e assicurarsi che la testa sia in linea con la colonna.

COSA FARE
Mantenere la zona lombare aderente al suolo.

2 Portare le mani alla nuca e aprire i gomiti. Incrociare il piede destro sul ginocchio sinistro e inspirare.

uomini					
settimane	1-2	3-4	5-6	7-8	9-10
rip x serie princ.	10x1	14x1	10x2	14x2	12x3
rip x serie interm.	10x2	14x2	10x3	14x3	17x3
rip x serie avanz.	14x3	17x3	22x3	27x3	32x3

3 Espirando e controllando bene il movimento, sollevare la spalla sinistra in direzione del ginocchio destro. Effettuare una torsione del busto, mantenendo la zona lombare al pavimento e gli addominali contratti. Mantenere la posizione per qualche secondo e poi, inspirando, ritornare nella posizione di partenza, senza rilassare gli addominali. Completata una serie, ripetere l'esercizio con la spalla destra che si solleva in direzione del ginocchio sinistro.

VARIANTE

Nel caso in cui si volesse rendere più semplice l'esecuzione di questo esercizio, basterà compierlo con il braccio che si solleva in direzione del ginocchio opposto teso in fuori.

COSA FARE

Il gomito destro deve rimanere a terra.

donne					
settimane	1-2	3-4	5-6	7-8	9-10
rip x serie princ.	8x1	12x1	8x2	12x2	10x3
rip x serie interm.	8x2	12x2	8x3	12x3	15x3
rip x serie avanz.	10x3	12x3	16x3	20x3	25x3

addominali ▸ crunch doppio con gambe su

25

▸ **Aree lavorate:** addome
▸ **Muscoli usati:** retto addominale, obliqui esterni

1 Distesi sulla schiena, con le gambe piegate e leggermente divaricate, i piedi ben appoggiati a terra. Far aderire la zona lombare al pavimento, in modo da non formare alcun arco. Contrarre gli addominali a fondo e assicurarsi che la testa sia in linea con la colonna.

2 Afferrare una palla di gommapiuma e, inspirando, portarla dietro la testa con le braccia allungate. Espirando, portare le gambe flesse verso il petto in modo da formare un angolo retto tra le cosce e il busto.

uomini					
settimane	1-2	3-4	5-6	7-8	9-10
rip x serie princ.	8x1	12x1	8x2	12x2	10x3
rip x serie interm.	8x2	12x2	8x3	12x3	15x3
rip x serie avanz.	12x3	15x3	20x3	25x3	30x3

3 Inspirare poi, espirando e controllando il movimento, contrarre gli addominali, distendere le gambe, sollevare le spalle fino a toccare le punte dei piedi con la palla.

4 Addominali contratti e punte dei piedi in estensione. Mantenere la contrazione al massimo e poi, inspirando, ritornare alla posizione di partenza.

donne					
settimane	1-2	3-4	5-6	7-8	9-10
rip x serie princ.	6x1	10x1	6x2	10x2	8x3
rip x serie interm.	6x2	10x2	6x3	10x3	13x3
rip x serie avanz.	8x3	10x3	14x3	18x3	23x3

In questo esercizio gli addominali lavorano molto, poiché devono sostenere il peso del busto. Attenzione quindi a mantenere la zona lombare ben appiattita e aderente al pavimento, e gli addominali contratti, per evitare risentimenti alla schiena, al collo e alle spalle.

arti inferiori ▸ affondi laterali

26

▸ **Aree lavorate: cosce, natiche**
▸ **Muscoli usati: quadricipiti, glutei**

1 In piedi, schiena dritta, petto in fuori, addominali contratti, retroversione del bacino. Talloni uniti e punte dei piedi divaricate a 45°.

2 Allargare le gambe e andare in affondo laterale sulla gamba destra.

COSA FARE ☺
Mantenere il ginocchio a 90° e la punta del piede in asse con la gamba.

uomini					
settimane	1-2	3-4	5-6	7-8	9-10
rip x serie	10x2	14x2	10x3	14x3	18x2

COSA NON FARE

Fare attenzione a non oltrepassare la punta del piede con il ginocchio piegato, a non sollevare il tallone da terra e a mantenere il peso del corpo ben centrato sul bacino.

3 Inspirare ed, espirando, tornare nella posizione di partenza. Completare una serie e poi passare alla gamba sinistra.

donne					
settimane	1-2	3-4	5-6	7-8	9-10
rip x serie	8x2	12x2	8x3	12x3	16x2

arti inferiori ▸ squats

27

▸ **Aree lavorate:** **cosce, natiche**
▸ **Muscoli usati:** **quadricipiti, glutei**

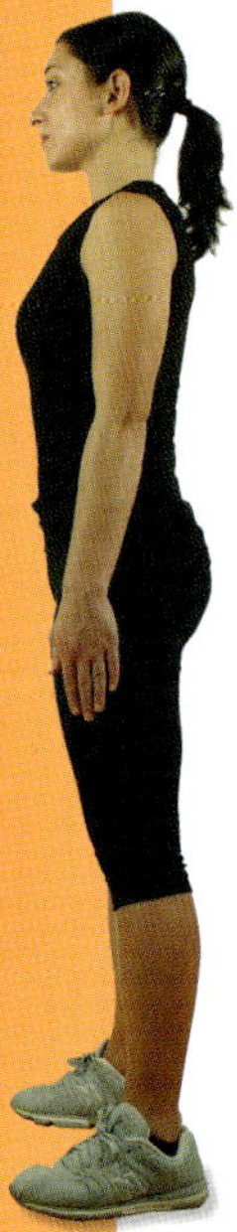

1 In piedi, schiena dritta, petto in fuori, addominali contratti, retroversione del bacino. Allargare le gambe portandole alla stessa larghezza del bacino, con le punte dei piedi aperte a 45°. Mantenere cosce e ginocchia in linea con i piedi e i talloni sempre a terra.

2 Inspirare ed, espirando, piegare le gambe fino a portare le cosce parallele al pavimento, senza sollevare i talloni da terra. Sguardo in avanti. Inspirare ed, espirando, portare in avanti le braccia tese. Mantenere schiena e busto dritti, e le ginocchia in linea con i piedi. Espirare ritornando nella posizione di partenza.

uomini					
settimane	1-2	3-4	5-6	7-8	9-10
rip x serie	10x2	14x2	10x3	14x3	18x2

COSA NON FARE

Non scendere mai con il bacino oltre l'altezza delle ginocchia e mantenere le cosce parallele al pavimento.

VARIANTE

È importante mantenere i talloni aderenti al suolo per evitare l'intervento della zona lombare. Un aiuto per l'esecuzione dell'esercizio può essere dato dall'utilizzo di un bastone con il quale regolare il piegamento.

donne					
settimane	1-2	3-4	5-6	7-8	9-10
rip x serie	8x2	12x2	8x3	12x3	16x2

arti inferiori ▸ plie squats

28

▸ **Aree lavorate: cosce, natiche**
▸ **Muscoli usati: quadricipiti, glutei**

1 In piedi, impugnare un manubrio da una sola estremità con ambedue le mani e portarlo al centro del corpo, con i palmi rivolti all'interno e le punte dei piedi aperte a 45°. Schiena dritta, petto in fuori, addominali contratti, retroversione del bacino.

COSA FARE
Mantenere le cosce e le ginocchia in linea con i piedi.

2 Allargare le gambe un po' più rispetto alla larghezza delle spalle.

uomini					
settimane	1-2	3-4	5-6	7-8	9-10
rip x serie	8x2	12x2	8x3	12x3	16x2

3 Spalle rilassate e sguardo in avanti. Inspirando, piegare lentamente le gambe fino allo squat. Mantenere il manubrio aderente al corpo. Espirare ritornando alla posizione di partenza. Fare una breve pausa tra una ripetizione e l'altra. Completate le serie, chiudere le gambe e riportare i manubri al pavimento.

COSA NON FARE

Non scendere mai con il bacino oltre l'altezza delle ginocchia.

donne					
settimane	1-2	3-4	5-6	7-8	9-10
rip x serie	6x2	10x2	6x3	10x3	14x2

29

▸ **Aree lavorate: cosce**
▸ **Muscoli usati: quadricipiti**

1 In posizione supina, gambe piegate e leggermente divaricate, piedi a terra; braccia lungo il corpo e palmi appoggiati al pavimento. Mantenere la schiena piatta, gli addominali contratti, la retroversione del bacino.

2 Inspirando appoggiarsi sui gomiti, avambracci al pavimento ed, espirando, sollevare le gambe piegate, in modo da formare un angolo di 90° tra il busto e le cosce. Piedi a martello.

uomini					
settimane	1-2	3-4	5-6	7-8	9-10
rip x serie	8x2	12x2	8x3	12x3	16x2

3 Espirando distendere le gambe in alto. Spingere con la punta del piede e mantenendo le ginocchia parallele. Inspirare e abbassare le gambe spingendo con i talloni. Fermarsi a circa 5 cm dal pavimento e mantenere la posizione.

COSA FARE

Mantenere la posizione senza guardare le ginocchia.

VARIANTE

Qualora l'esecuzione dell'esercizio dovesse risultare troppo intensa, è possibile svolgerlo sollevando le gambe alternatamente.

donne					
settimane	1-2	3-4	5-6	7-8	9-10
rip x serie	6x2	10x2	6x3	10x3	14x2

30

▸ **Aree lavorate:** cosce, natiche
▸ **Muscoli usati:** gluteo, ischio crurali

1 Carponi, con le ginocchia allargate alla stessa larghezza del bacino. Schiena piatta, testa in linea con la colonna vertebrale, avambracci a terra e perpendicolari alle spalle, e mani appoggiate al pavimento. Addominali contratti.

2 Inspirando, estendere la gamba destra e portarla parallela al pavimento. Flettere il piede e mantenere il bacino in linea.

uomini					
settimane	1-2	3-4	5-6	7-8	9-10
rip x serie	8x2	12x2	8x3	12x3	16x2

3 Espirando flettere la gamba destra indietro a 90°. Mantenere la posizione per qualche secondo e poi, inspirando, riportare la gamba in estensione. Completare una serie e poi ripetere l'esercizio con la gamba sinistra.

COSA FARE

Mantenere il piede flesso.

In caso di difficoltà a mantenere la posizione per la durata dell'esercizio è possibile eseguirlo secondo quanto illustrato nell'esercizio n. 58 (livello avanzato), ma senza utilizzare pesi.

donne					
settimane	1-2	3-4	5-6	7-8	9-10
rip x serie	6x2	10x2	6x3	10x3	14x2

31

▸ **Aree lavorate:** interno cosce
▸ **Muscoli usati:** adduttori

1 Distendersi sul fianco destro, con la schiena dritta, il bacino in linea, i piedi uniti, il braccio destro disteso e la mano sinistra a terra davanti al busto, in appoggio. Mantenere testa, spalle, ginocchia e caviglie in linea. Contrarre gli addominali.

2 Piegare la gamba sinistra e appoggiarla al pavimento, ad angolo retto rispetto al corpo. Mantenere la gamba destra dritta e flettere il piede, portando la punta in estensione. Piegare il braccio a terra e appoggiare la testa sulla mano. Inspirare.

uomini					
settimane	1-2	3-4	5-6	7-8	9-10
rip x serie	10x2	14x2	10x3	14x3	18x2

3 Espirando, sollevare lentamente la gamba destra fino al massimo possibile, secondo le proprie capacità.

COSA FARE ☺

Mantenere la gamba dritta e il piede parallelo al pavimento.

4 Mantenere la posizione per qualche secondo e poi, inspirando, ritornare alla posizione di partenza, mantenendo la gamba parallela al suolo. Completare una serie, poi distendersi sul fianco sinistro e ripetere l'esercizio con la gamba sinistra.

donne					
settimane	1-2	3-4	5-6	7-8	9-10
rip x serie	8x2	12x2	8x3	12x3	16x2

32

▸ **Aree lavorate:** **parte esterna delle cosce**

▸ **Muscoli usati:** **abduttori**

1 In piedi, posizionarsi con il fianco sinistro a circa 60 cm da un muro. Appoggiare la mano sinistra al muro e quella destra sul fianco. Assicurarsi che il bacino sia rivolto in avanti e che i piedi siano alla stessa larghezza del bacino. Glutei contratti.

COSA FARE

Mantenere su la testa, la schiena dritta, il petto in fuori e gli addominali contratti.

2 Gambe leggermente piegate e divaricate alla stessa larghezza del bacino. Inspirare.

uomini					
settimane	1-2	3-4	5-6	7-8	9-10
rip x serie	10x2	14x2	10x3	14x3	18x2

3 Espirando, sollevare lentamente la gamba destra, mantenendola dritta; piede flesso.

COSA NON FARE

Non sollevare troppo la gamba
per evitare di spostare indietro l'anca.

COSA FARE

Sforzarsi di eseguire un movimento fluido.

4 Mantenere la posizione per qualche secondo e poi, inspirando, riportare giù la gamba fino a 5 cm circa dal pavimento. Completare una serie e poi ripetere sul fianco destro con la gamba sinistra.

donne					
settimane	1-2	3-4	5-6	7-8	9-10
rip x serie	8x2	12x2	8x3	12x3	16x2

arti inferiori ▸ glutei a terra

33

▸ **Aree lavorate: natiche**
▸ **Muscoli usati: glutei**

1 Carponi, con le ginocchia allargate alla stessa larghezza del bacino. Mantenere la schiena dritta e gli addominali contratti.

COSA FARE

Controllare che il bacino sia rivolto in avanti e sia in retroversione.

2 Inspirando sollevare la gamba sinistra ed, espirando, incrociarla dietro la gamba destra.

uomini					
settimane	1-2	3-4	5-6	7-8	9-10
rip x serie	10x2	14x2	10x3	14x3	18x2

3 Inspirare ed, espirando, distendere la gamba sinistra indietro, portandola alla stessa altezza del bacino. Spingere con il tallone e mantenere il piede a martello. Mantenere la posizione per qualche secondo e poi riportare giù la gamba inspirando. Completare una serie con la gamba sinistra e poi ripetere l'esercizio con la gamba destra.

COSA NON FARE

Far attenzione a non inarcare la schiena, a mantenere il bacino in asse e il peso del corpo al centro.

L'esercizio può essere svolto anche con un paio di cavigliere di peso appropriato al livello di allenamento.

donne					
settimane	1-2	3-4	5-6	7-8	9-10
rip x serie	8x2	12x2	8x3	12x3	16x2

34

▸ **Aree lavorate:** **polpacci**
▸ **Muscoli usati:** **gastrocnemio, soleo**

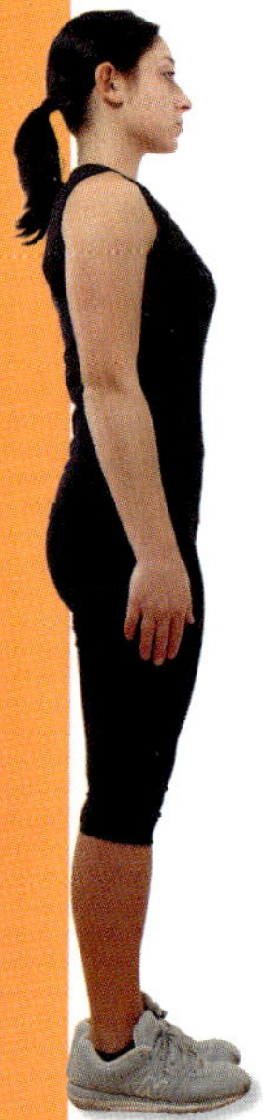

1 In piedi, di fronte a un muro. Mantenere la schiena dritta e la retroversione del bacino.

2 Piegare leggermente le ginocchia e mantenere il bacino rivolto in avanti. Appoggiare le mani al muro. Mettere il piede destro dietro la caviglia sinistra e inspirare.

COSA FARE ☺

Guardare in avanti.

uomini					
settimane	1-2	3-4	5-6	7-8	9-10
rip x serie	10x2	14x2	10x3	14x3	18x2

3 Espirando, sollevarsi sulla punta del piede sinistro, mantenendolo rivolto in avanti. Mantenere la posizione per qualche secondo, contraendo al massimo i muscoli dei polpacci. Inspirando, riportare lentamente il tallone a terra. Completare una serie con la gamba sinistra e poi ripetere con la destra.

VARIANTE

L'esercizio può essere svolto anche da seduti, ponendo due pesi sulle ginocchia.

donne					
settimane	1-2	3-4	5-6	7-8	9-10
rip x serie	8x2	12x2	8x3	12x3	16x2

spalle ▸ press up a terra

35

▸ **Aree lavorate:** **spalle, busto, parte post. delle braccia**
▸ **Muscoli usati:** **pettorali, deltoidi ant., tricipiti**

1 In posizione prona, con i piedi alla stessa larghezza del bacino. Palmi delle mani appoggiati a terra, alla stessa altezza delle spalle.

2 Corpo proteso dietro, appoggiando le ginocchia a terra. Tenere le gambe sollevate. Accertarsi che le braccia siano in linea con le spalle e che le dita siano rivolte in avanti. Mantenere la schiena piatta, gli addominali contratti e la testa in linea con la colonna.

uomini					
settimane	1-2	3-4	5-6	7-8	9-10
rip x serie	8x2	12x2	8x3	12x3	16x2

3 Inspirando, piegare le braccia, portandole a 90° con gli avambracci. Mantenere la posizione per qualche secondo e poi, espirando, ritornare nella posizione di partenza distendendo le braccia. Mantenere le spalle in linea con le braccia. Cercare di non riposare tra una ripetizione e l'altra.

☹ COSA NON FARE

Nel risalire, fare attenzione
a non spingere il peso del corpo indietro.

donne					
settimane	1-2	3-4	5-6	7-8	9-10
rip x serie	6x2	10x2	6x3	10x3	14x2

spalle ▸ alzate frontali

36

▸ **Aree lavorate: parte frontale delle spalle, busto**
▸ **Muscoli usati: pettorali, deltoidi anteriori**

1 In piedi, schiena piatta, petto in fuori, addominali contratti, retroversione del bacino. Portare le gambe alla stessa larghezza del bacino, leggermente piegate. Afferrare un paio di manubri e tenerli lungo i fianchi.

COSA FARE

Mantenere gli addominali contratti.

2 Inspirando portare i manubri davanti al corpo, con i palmi rivolti verso il basso e i polsi dritti ed, espirando, sollevare le braccia, leggermente piegate, all'altezza delle spalle. Spingere con le nocche e fare attenzione a non bloccare i gomiti.

uomini					
settimane	1-2	3-4	5-6	7-8	9-10
rip x serie interm.	8x2	12x2	8x3	12x3	16x2
rip x serie avanz.	8x3	12x3	8x4	12x4	10x4

3 Mantenere la posizione per qualche secondo e poi, inspirando, ritornare nella posizione di partenza controllando il movimento. Completate le serie, riportare i manubri al pavimento.

VARIANTE

In alternativa, l'esercizio può essere svolto utilizzando un elastico: partendo dalla postura della fase 1, con i piedi ben appoggiati al centro dell'elastico, afferrarne le estremità ed eseguire le fasi 2 e 3.

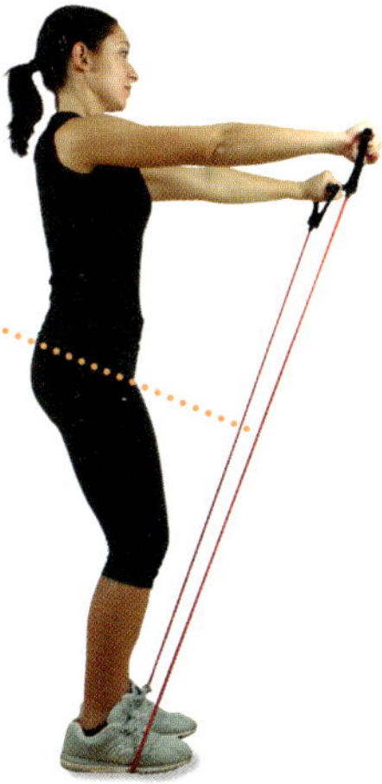

L'esercizio può essere svolto anche in coppia: spingere le braccia verso l'alto mentre il partner cerca di contrastare il movimento, spingendo le mani verso il basso.

donne					
settimane	1-2	3-4	5-6	7-8	9-10
rip x serie interm.	6x2	10x2	6x3	10x3	14x2
rip x serie avanz.	6x3	10x3	6x4	10x4	8x4

spalle ▸ rematore ed estensione

37

▸ **Aree lavorate: parte centrale della schiena, parte post. delle spalle**

▸ **Muscoli usati: trapezio, tricipiti**

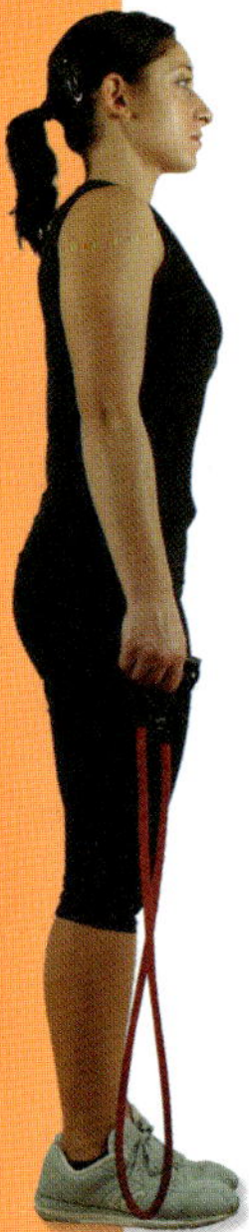

1 In piedi, con le gambe unite.

2 Portare il piede sinistro avanti, ben fermo, appoggiandolo sopra un elastico. Mantenere l'elastico in tensione con il braccio destro teso; inclinare il busto e appoggiare la mano sinistra sulla coscia sinistra.

uomini					
settimane	1-2	3-4	5-6	7-8	9-10
rip x serie	8x2	12x2	8x3	12x3	16x2

COSA FARE

Polso e avambraccio dritti.

COSA FARE

Addominali contratti.

3 Inspirare e portare il braccio destro a 90°. Espirando, stringere le scapole e portare il gomito destro verso l'alto, fino ad arrivare con la mano all'altezza della vita.

4 Oltrepassato il busto con il gomito, inspirare ed, espirando, stendere il braccio indietro senza muovere il gomito né bloccarlo in distensione. Piegare nuovamente il polso per tornare nella posizione iniziale. Completare le ripetizioni e passare all'altro braccio.

donne					
settimane	1-2	3-4	5-6	7-8	9-10
rip x serie	6x2	10x2	6x3	10x3	14x2

38

▸ **Aree lavorate:** **fasce laterali, parte centrale della schiena, parte post. delle spalle**

▸ **Muscoli usati:** **trapezio, obliqui**

1 In piedi, schiena dritta, petto in fuori, addominali contratti, retroversione del bacino, braccia lungo il corpo.

2 Inspirare poi, espirando, divaricare le gambe alla stessa larghezza delle spalle e piegarle, mantenendo i piedi paralleli. Portare contemporaneamente le mani alla nuca.

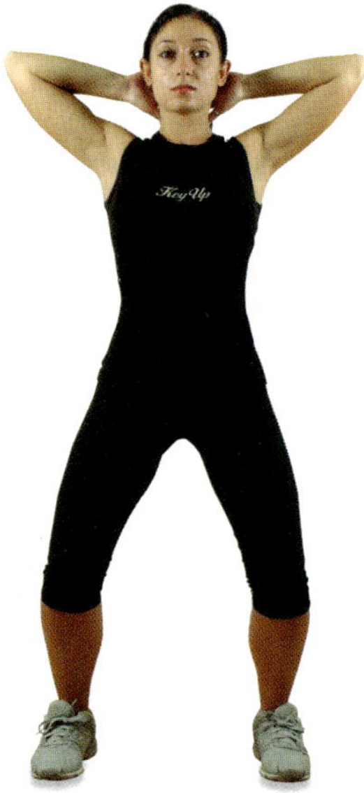

uomini					
settimane	1-2	3-4	5-6	7-8	9-10
rip x serie	10x2	14x2	10x3	14x3	18x2

3 Espirando, flettere il busto dapprima verso destra, poi verso sinistra, mantenendo fermi il bacino e le gambe.

COSA FARE

Mantenere il busto esteso e le braccia dritte.

VARIANTE

In alternativa, l'esercizio può essere svolto impugnando una corda o un bastone, o utilizzando una palla di gommapiuma: flettere il busto alternatamente a destra e a sinistra, tenendo una palla fra le mani e le braccia distese in alto sopra la testa, ma senza iperestendere i gomiti.

donne					
settimane	1-2	3-4	5-6	7-8	9-10
rip x serie	8x2	12x2	8x3	12x3	16x2

39

▸ **Aree lavorate:** **parte alta della schiena**
▸ **Muscoli usati:** **trapezio, romboide**

1 Afferrare un paio di manubri, con le braccia lungo i fianchi. In piedi, schiena piatta, petto in fuori, addominali contratti, retroversione del bacino.

COSA FARE

Mantenere la testa in linea con la colonna e guardare avanti.

2 Allargare i piedi alla stessa larghezza del bacino. Piegare leggermente le gambe. Rilassare le spalle e inspirare.

uomini					
settimane	1-2	3-4	5-6	7-8	9-10
rip x serie interm.	10x2	14x2	10x3	14x3	12x4
rip x serie avanz.	10x3	14x3	10x4	14x4	12x4

3 Espirando, sollevare lentamente le spalle e ruotarle indietro. Mantenere i manubri aderenti al corpo. Mantenere la posizione per qualche secondo e poi, inspirando, ritornare nella posizione di partenza.

donne					
settimane	1-2	3-4	5-6	7-8	9-10
rip x serie interm.	8x2	12x2	8x3	12x3	10x4
rip x serie avanz.	8x3	12x3	8x4	12x4	10x4

schiena ▸ rematore a un braccio

40

▸ **Aree lavorate: parte media della schiena**
▸ **Muscoli usati: trapezio, bicipiti**

1 In piedi, al lato di una panca, un manubrio a terra.

2 Appoggiare ginocchio sinistro e mano sinistra sulla panca, con la mano in linea diretta con la spalla. Non bloccare il gomito. Piegare leggermente la gamba destra, mantenendo tutto il piede appoggiato a terra. Inspirando, afferrare il manubrio ed, espirando, sollevarlo da terra, mantenendo il braccio dritto.

COSA FARE

Mantenere la schiena piatta, gli addominali contratti, la testa in linea con la colonna e il bacino parallelo al pavimento.

uomini					
settimane	1-2	3-4	5-6	7-8	9-10
rip x serie	8x2	12x2	8x3	12x3	10x4

3 Inspirare ed, espirando, tirare il manubrio verso il petto controllando il movimento. Spingere con il gomito, mantenendolo aderente al corpo, con il polso dritto. Mantenere la posizione per qualche secondo e poi, inspirando, ritornare nella posizione di partenza. Non bloccare il gomito. Completare una serie con il braccio destro poi ripetere l'esercizio con il sinistro, appoggiando ginocchio e mano destra sulla panca.

VARIANTE

L'esercizio può anche essere svolto portando il braccio a 90°, in linea con le spalle.

donne					
settimane	1-2	3-4	5-6	7-8	9-10
rip x serie	6x2	10x2	6x3	10x3	8x4

41

▸ **Aree lavorate:** **parte superiore e centrale della schiena**
▸ **Muscoli usati:** **trapezio, bicipiti**

1 In piedi, gambe allargate un po' più dell'ampiezza delle spalle. Addominali contratti e retroversione del bacino. Afferrare un elastico, piegarlo in due per dimezzarne la lunghezza tenendo entrambe le impugnature con una mano e con l'altra il suo centro.

2 Inspirando, sollevare le braccia sopra la testa formando una "v", con i palmi rivolti in avanti.

uomini					
settimane	1-2	3-4	5-6	7-8	9-10
rip x serie	8x2	12x2	8x3	12x3	10x4

3 Stringere le spalle, piegare i gomiti allontanandoli per mantenerli stabili ed, espirando, tirare l'elastico dietro la testa, verso la clavicola. Sollevare contemporaneamente un ginocchio verso il petto. Mantenere l'addome contratto e il busto eretto. Inspirando, tornare nella posizione iniziale e ripetere, alternando le gambe.

VARIANTE

In alternativa, l'esercizio può essere svolto sollevando il ginocchio lateralmente verso il fianco.

donne					
settimane	1-2	3-4	5-6	7-8	9-10
rip x serie	6x2	10x2	6x3	10x3	8x4

42

▸ **Aree lavorate:** **petto, parte post. e ant. delle braccia, parte ant. delle spalle**

▸ **Muscoli usati:** **pettorali, tricipiti, bicipiti, deltoidi ant.**

1 Sdraiarsi su una panca inclinata, con i piedi appoggiati al pavimento alla larghezza del bacino. Mantenere la zona lombare il più possibile aderente alla panca, ma senza sforzare (in caso di difficoltà, mettere un appoggio sotto i piedi, come per esempio uno step o dei libri). Testa in linea con la colonna e addominali contratti. Portare una barra sulle cosce, sedersi e poi stendersi avvicinandola al petto.

2 Afferrare la barra ponendo le mani a una distanza fra loro di una volta e mezzo la larghezza delle spalle, i polsi dritti e le nocche verso l'alto. Portare la barra in linea con il busto e inspirare.

uomini					
settimane	1-2	3-4	5-6	7-8	9-10
rip x serie interm.	8x2	12x2	8x3	12x3	10x4
rip x serie avanz.	8x3	12x3	8x4	12x4	10x4

3 Espirando, distendere le braccia verso l'alto spingendo con le nocche. Mantenere la posizione per qualche secondo e poi, inspirando, riportare la barra al petto, spingendo con i gomiti, senza bloccarli. Mantenere i polsi dritti e il bilanciere in linea con il busto. Cercare di non riposare tra una ripetizione e l'altra.

COSA NON FARE

Controllare sempre che la zona lombare sia ben appoggiata e che le braccia non siano iperestese.

COSA NON FARE

Non bloccare i gomiti e far attenzione a non iperestendere le braccia.

In mancanza di panca inclinata, svolgere l'esercizio utilizzando uno step.

donne					
settimane	1-2	3-4	5-6	7-8	9-10
rip x serie interm.	6x2	10x2	6x3	10x3	8x4
rip x serie avanz.	6x3	10x3	6x4	10x4	8x4

busto ▸ distensioni delle braccia da seduti

43

▸ **Aree lavorate:** **parte post. e ant. della spalla, braccia**
▸ **Muscoli usati:** **tricipiti, dorsali**

1 Sedersi su uno sgabello con la schiena dritta, gli addominali contratti. Piedi ben appoggiati a terra, mani sulle cosce.

COSA FARE

Portare lo sguardo in avanti.

2 Afferrare una barra alle estremità e portarla al centro delle spalle inspirando, con le mani a un'ampiezza che sia circa una volta e mezzo quella delle spalle.

uomini					
settimane	1-2	3-4	5-6	7-8	9-10
rip x serie	10x2	14x2	10x3	14x3	12x4

3 Espirando, spingere la barra verso l'alto.

COSA FARE

Mantenere il busto eretto e il petto avanzato.

4 Inspirando, riportare la barra verso le spalle, fermandosi all'altezza del collo.

donne					
settimane	1-2	3-4	5-6	7-8	9-10
rip x serie	8x2	12x2	8x3	12x3	10x4

braccia ▸ curl del polso

44

▸ **Aree lavorate:** avambracci
▸ **Muscoli usati:** brachioradiale, bicipiti

1 Sedere al centro di una panca, o una sedia, con i piedi completamente appoggiati a terra e due manubri ai lati. Schiena piatta, addominali contratti e testa in linea con la colonna.

2 Afferrare i due manubri, inclinare il busto in avanti, divaricare le gambe e appoggiare gli avambracci sulla panca.

COSA FARE ☺

I palmi rivolti verso l'alto, in modo che i polsi siano leggermente oltre il bordo.

uomini					
settimane	1-2	3-4	5-6	7-8	9-10
rip x serie interm.	10x2	14x2	10x3	14x3	12x4
rip x serie avanz.	10x3	14x3	10x4	14x4	12x4

3 Mantenere gli avambracci aderenti alla panca e flettere lentamente i polsi, spingendo i manubri verso il corpo. Mantenere la posizione per qualche secondo e poi, controllando il movimento, riportare i manubri sul bordo della panca.

VARIANTE

L'esercizio può anche essere svolto stringendo nelle mani delle palline di gommapiuma al posto dei pesi.

donne					
settimane	1-2	3-4	5-6	7-8	9-10
rip x serie interm.	8x2	12x2	8x3	12x3	10x4
rip x serie avanz.	8x3	12x3	8x4	12x4	10x4

Per molte persone quest'area di lavoro risulta essere piuttosto debole e spesso trascurata in quanto i polsi non possiedono molta massa muscolare. Tuttavia, una debolezza qui localizzata può impedire lo sviluppo di altri muscoli; è dunque il caso di lavorarla iniziando con pesi leggeri.

braccia ▸ curl con la barra

45

▸ **Aree lavorate:** **avambracci, parte anteriore delle braccia**
▸ **Muscoli usati:** **brachioradiale, bicipiti**

1 In piedi, schiena dritta, petto in fuori e addominali contratti. Retroversione del bacino.

2 Allargare i piedi quanto l'ampiezza delle spalle e piegare leggermente le gambe. Allargare le mani fino a raggiungere la stessa ampiezza delle spalle, afferrare una barra con la presa verso l'alto e portarla davanti alle cosce. Mantenere la parte superiore delle braccia aderente al busto. Rilassare le spalle e tenere i polsi dritti. Spingere i gomiti un po' in avanti, come punto di equilibrio. Inspirare.

uomini					
settimane	1-2	3-4	5-6	7-8	9-10
rip x serie interm.	8x2	12x2	8x3	12x3	10x4
rip x serie avanz.	8x3	12x3	8x4	12x4	10x4

3 Espirando, portare il peso al petto usando i muscoli delle braccia. Mantenere la posizione per qualche secondo e poi, inspirando, portare la barra all'altezza della vita con le braccia ad angolo retto. Completare una serie e poi riportare la barra alle cosce.

4 Dalla posizione descritta nella fase 2, inspirare ed, espirando, portare la barra al petto. Mantenere la posizione per qualche secondo e poi, inspirando, riportare il peso alle cosce. Completare una serie; se l'allenamento scelto prevede più di due serie, alternare le fasi 3 e 4.

donne					
settimane	1-2	3-4	5-6	7-8	9-10
rip x serie interm.	6x2	10x2	6x3	10x3	8x4
rip x serie avanz.	6x3	10x3	6x4	10x4	8x4

È importante mantenere la parte alta delle braccia ben aderente al corpo per non coinvolgere la schiena nel lavoro: per evitarlo, svolgere l'esercizio appoggiando la schiena a un muro.

curl con la barra a presa inversa

46

- **Aree lavorate: avambracci, parte anteriore delle braccia**
- **Muscoli usati: brachioradiale, bicipiti, tricipiti**

1 In piedi, schiena dritta, petto in fuori e addominali contratti. Retroversione del bacino.

COSA FARE

Mantenere la parte superiore delle braccia aderente al busto.

2 Allargare i piedi quanto l'ampiezza delle spalle e aprire le punte dei piedi verso l'esterno. Piegare leggermente le gambe. Allargare le mani alla stessa larghezza delle spalle, afferrare una barra con la presa verso il basso e portarla davanti alle cosce. Tenere i polsi dritti e i gomiti leggermente piegati. Inspirare.

uomini					
settimane	1-2	3-4	5-6	7-8	9-10
rip x serie interm.	8x2	12x2	8x3	12x3	10x4
rip x serie avanz.	8x3	12x3	8x4	12x4	10x4

3 Espirando, piegare i gomiti e portare la barra all'altezza delle spalle, mantenendo la parte alta delle braccia aderente al corpo. Mantenere la posizione per qualche secondo e poi, inspirando, riportare la barra alle cosce. Mantenere i gomiti leggermente piegati e i polsi dritti.

VARIANTE

In alternativa, l'esercizio può essere svolto utilizzando un elastico.

donne					
settimane	1-2	3-4	5-6	7-8	9-10
rip x serie interm.	6x2	10x2	6x3	10x3	8x4
rip x serie avanz.	6x3	10x3	6x4	10x4	8x4

braccia ▸ spinte indietro dei tricipiti da seduti

47

▸ **Aree lavorate: parte posteriore delle braccia**
▸ **Muscoli usati: tricipiti**

1 Con le braccia lungo il corpo, afferrare un paio di manubri, poi sedersi sul bordo di una panca con i piedi completamente appoggiati a terra, allargati alla stessa larghezza del bacino.

2 Mantenere la schiena piatta e gli addominali contratti e inclinare il busto in avanti. Testa in linea con la colonna, braccia che scendono lungo il corpo.

uomini					
settimane	1-2	3-4	5-6	7-8	9-10
rip x serie	8x2	12x2	8x3	12x3	10x4

3 Assicurarsi che il bacino e le spalle siano rivolti in avanti, quindi sollevare i pesi in direzione delle spalle, flettendo indietro i gomiti, ma mantenendo l'avambraccio parallelo al pavimento. Mantenere la parte superiore delle braccia aderente al busto e i polsi dritti. Inspirare.

4 Espirando, estendere le braccia all'indietro e mantenere la parte alta delle braccia aderente al corpo e i gomiti alti. Mantenere la posizione per qualche secondo e poi, inspirando, riportare i manubri alle spalle.

Mantenere gli addominali contratti e il busto piegato in avanti per evitare di stirare il collo e la schiena.

donne					
settimane	1-2	3-4	5-6	7-8	9-10
rip x serie	6x2	10x2	6x3	10x3	8x4

braccia › estensioni dell'avambraccio

48

› **Aree lavorate:** **parte posteriore delle braccia**
› **Muscoli usati:** **tricipiti**

COSA FARE ☺

Assicurarsi che la zona lombare sia aderente al pavimento.

1 Supini, braccia lungo il corpo, gambe piegate e divaricate alla larghezza del bacino. Mantenere la testa in linea con la colonna e contrarre gli addominali.

COSA FARE ☺

Mantenere i polsi dritti.

2 Afferrare una barra con i palmi rivolti verso il basso e le mani a una larghezza leggermente inferiore a quella delle spalle. Espirando, portare la barra verso l'alto distendendo le braccia.

uomini					
settimane	1-2	3-4	5-6	7-8	9-10
rip x serie interm.	8x2	12x2	8x3	12x3	10x4
rip x serie avanz.	8x3	12x3	8x4	12x4	10x4

3 Inspirando, portare lentamente la barra verso la fronte, piegando i gomiti e spingendo con le nocche. Mantenere i polsi dritti. Mantenere la posizione per qualche secondo e poi, espirando, distendere le braccia. Mantenere i gomiti verticali e la schiena piatta.

COSA NON FARE

Evitare di formare un arco nella zona lombare.

uomini					
settimane	1-2	3-4	5-6	7-8	9-10
rip x serie interm.	6x2	10x2	6x3	10x3	8x4
rip x serie avanz.	6x3	10x3	6x4	10x4	8x4

Se lo stesso esercizio dovesse essere svolto utilizzando un bilanciere anziché la barra, si raccomanda di farsi assistere da un'altra persona in caso di difficoltà nel sollevare i pesi.

49

- **Aree lavorate:** addome
- **Muscoli usati:** retto addominale, obliqui

1 Distesi sul fianco sinistro, gambe leggermente piegate. Appoggiare la mano destra a terra, davanti al busto, distendere il braccio sinistro e appoggiarvi la testa.

2 Inspirando, piegare la gamba destra a 90° e appoggiarla a terra, e portare contemporaneamente le mani alla nuca.

uomini					
settimane	1-2	3-4	5-6	7-8	9-10
rip x serie	10x2	14x2	10x3	14x3	12x4

3 Espirando, salire con il busto verso il fianco. Inspirando, tornare nella posizione di partenza.

COSA FARE

Il collo è rilassato
e lo sguardo è in avanti.

VARIANTE

In alternativa, afferrare una palla con la mano destra per aiutare la flessione del busto.

donne					
settimane	1-2	3-4	5-6	7-8	9-10
rip x serie	8x2	12x2	8x3	12x3	10x4

addominali

50

- **Aree lavorate:** addome
- **Muscoli usati:** retto addominale

1 Supini, braccia lungo il corpo. Assicurarsi che la zona lombare sia aderente al pavimento e gli addominali siano contratti, ed effettuare la retroversione del bacino. Mantenere la testa in linea con la colonna. Gambe piegate e divaricate alla stessa larghezza del bacino.

2 Inspirando, sollevare le gambe in modo da formare un angolo di 90° tra le cosce e il busto. Contemporaneamente, afferrare una bacchetta e distendere le braccia indietro.

uomini					
settimane	1-2	3-4	5-6	7-8	9-10
rip x serie	10x2	14x2	10x3	14x3	12x4

3 Espirando, flettere il busto fino ad appoggiare la bacchetta sulle gambe.

4 Inspirando, tornare nella posizione di partenza, lasciando la bacchetta sulle gambe ancora sollevate ed, espirando ripetere l'esercizio.

donne					
settimane	1-2	3-4	5-6	7-8	9-10
rip x serie	8x2	12x2	8x3	12x3	10x4

addominali ▸ crunch

51

▸ **Aree lavorate: addome**
▸ **Muscoli usati: retto addominale**

1 Distesi sulla schiena, gambe piegate e divaricate alla stessa larghezza del bacino, piedi ben appoggiati a terra. Far aderire la zona lombare al pavimento, in modo che non ci sia nessun arco. Contrarre gli addominali a fondo e incrociare le braccia alle spalle. Assicurarsi che la testa sia in linea con la colonna. Inspirare.

2 Espirando, sollevare lentamente le spalle da terra. Eseguire dei movimenti piccoli. Mantenere gli addominali contratti e la testa in linea con la colonna.

uomini					
settimane	1-2	3-4	5-6	7-8	9-10
rip x serie	10x2	14x2	10x3	14x3	17x3

3 Mantenere la posizione e poi, inspirando, scendere con le spalle a terra, senza rilassare gli addominali. Sfiorare il pavimento con le spalle e ripetere.

VARIANTE

In alternativa, incrociare le braccia dietro la testa con i palmi delle mani sovrapposti e appoggiati al centro, fra le scapole.

COSA NON FARE

Evitare di tirare con il collo.

donne					
settimane	1-2	3-4	5-6	7-8	9-10
rip x serie	8x2	12x2	8x3	12x3	15x3

Contrarre gli addominali prima di sollevare le spalle in modo da evitare di tirare il collo. Per aiutarsi a svolgere l'esercizio correttamente, immaginare di avere un'arancia sotto al mento: guardando troppo in alto cadrebbe e guardando troppo in basso si schiaccerebbe.

addominali ▸ crunch

52

▸ **Aree lavorate:** **addome, esterno cosce**
▸ **Muscoli usati:** **retto addominale, abduttori**

1 Supini, braccia lungo il corpo, gambe piegate. Assicurarsi che la zona lombare sia aderente al pavimento: mantenere gli addominali contratti e la retroversione del bacino. La testa in linea con la colonna.

2 Inspirando, portare le gambe verso l'alto mantenendo le ginocchia leggermente piegate e in linea con i fianchi. Legare un elastico intorno alle caviglie e portare le mani alla nuca.

uomini					
settimane	1-2	3-4	5-6	7-8	9-10
rip x serie	8x2	12x2	8x3	12x3	15x3

3 Inspirare ed, espirando, contrarre gli addominali e divaricare le gambe, mettendo l'elastico in trazione.

4 Inspirare ed, espirando, flettere il busto. Completare la prima serie e tornare a terra.

donne					
settimane	1-2	3-4	5-6	7-8	9-10
rip x serie	6x2	10x2	6x3	10x3	13x3

addominali ▸ crunch con braccia sopra la testa

53

▸ **Aree lavorate:** **addome, interno cosce**
▸ **Muscoli usati:** **retto addominale, adduttori**

COSA FARE ☺

Far aderire la zona lombare al pavimento, in modo che non ci sia nessun arco.

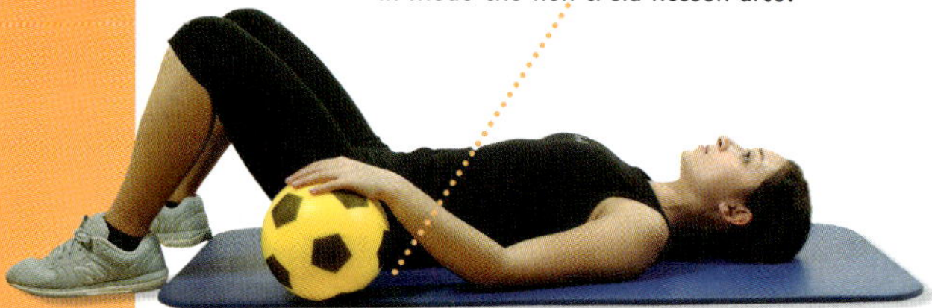

1 Distesi sulla schiena, gambe piegate e divaricate alla stessa larghezza del bacino, piedi ben appoggiati a terra.

2 Mettere una palla tra le ginocchia e, inspirando, portare le mani alla nuca. Mantenere i gomiti aperti e un angolo di 90° tra le cosce e il busto.

uomini					
settimane	1-2	3-4	5-6	7-8	9-10
rip x serie	8x2	12x2	8x3	12x3	15x3

3 Contrarre gli addominali a fondo ed, espirando, stringere le ginocchia e sollevarle lentamente da terra. Eseguire dei movimenti piccoli. Mantenere gli addominali contratti e la testa in linea con la colonna.

4 Inspirare ed, espirando, flettere il busto, avvicinando i gomiti alle ginocchia. Mantenere la posizione e poi, inspirando, scendere con le spalle a terra, senza rilassare gli addominali. Sfiorare il pavimento con le spalle e ripetere.

donne					
settimane	1-2	3-4	5-6	7-8	9-10
rip x serie	6x2	10x2	6x3	10x3	13x3

arti inferiori ▸ affondi

54

- **Aree lavorate:** cosce, natiche
- **Muscoli usati:** quadricipiti, glutei

1 In piedi, braccia lungo i fianchi, afferrare due manubri e mantenerli accostati al corpo per tutta la durata dell'esercizio.

COSA FARE

Mantenere le cosce e le ginocchia in linea con i piedi.

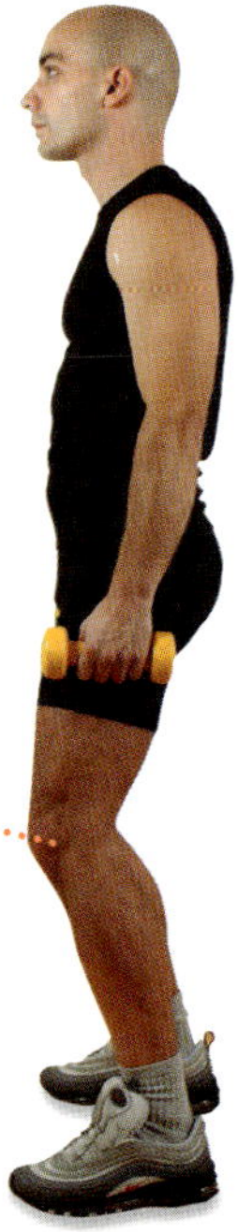

2 Allargare le gambe alla stessa larghezza del bacino, con le punte dei piedi rivolte in avanti. Piegare leggermente le gambe. Aprire le spalle.

uomini					
settimane	1-2	3-4	5-6	7-8	9-10
rip x serie	10x3	14x3	10x4	14x4	18x3

Livello:
avanzato

3 Inspirando, portare avanti il piede sinistro, mantenendolo in linea con la gamba. Piegare il ginocchio destro in direzione del pavimento.

COSA FARE

Accertarsi che i piedi siano sempre rivolti in avanti e che il ginocchio sinistro sia ad angolo retto con tallone e punta.

4 Continuare a piegare il ginocchio destro fino a portarlo a una distanza di circa 2 cm dal pavimento, accertandosi di mantenere la testa in linea con la colonna. Poi, espirare riportando indietro la gamba sinistra e tornando in piedi. Spingere sul tallone sinistro. Completare una serie e poi passare all'altra gamba.

donne					
settimane	1-2	3-4	5-6	7-8	9-10
rip x serie	8x3	12x3	8x4	12x4	16x3

Eseguire l'esercizio mantenendo il peso del corpo ben centrato sul bacino.

arti inferiori ▸ squats

55

▸ **Aree lavorate: cosce, natiche**
▸ **Muscoli usati: quadricipiti, glutei**

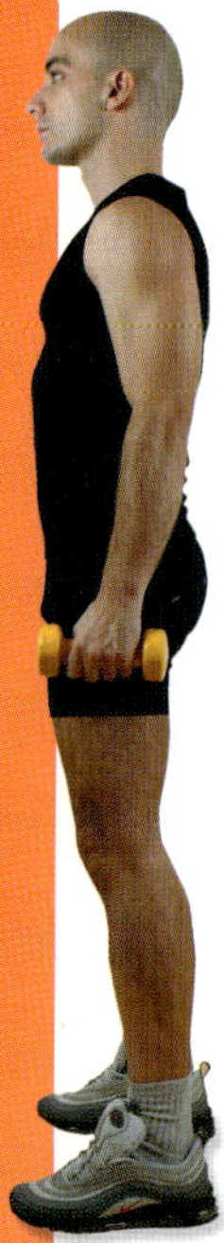

1 Afferrare un paio di manubri e portare le braccia lungo i fianchi. In piedi, schiena dritta, petto in fuori, addominali contratti, retroversione del bacino.

COSA FARE ☺

In caso di difficoltà, appoggiare i talloni su due pesi.

2 Allargare le gambe alla stessa larghezza del bacino, con le punte dei piedi rivolte in avanti. Piegare leggermente le ginocchia. Mantenere le gambe parallele e in linea con i piedi. Mantenere sempre i talloni a terra. Sguardo in avanti. Portare i manubri alle spalle, mantenendo i gomiti piegati e rivolti in avanti.

uomini					
settimane	1-2	3-4	5-6	7-8	9-10
rip x serie	10x3	14x3	10x4	14x4	18x3

3 Inspirando, piegare le gambe, senza sollevare i talloni dal suolo. Mantenere schiena e busto dritti, e le ginocchia in linea con i piedi. Non scendere mai con il bacino oltre l'altezza delle ginocchia e mantenere le cosce parallele al pavimento. Poi, espirare ritornando nella posizione di partenza. Completate le serie, riportare i manubri al pavimento.

Si può rendere l'esercizio più semplice da eseguire mantenendo i manubri alla vita.

donne					
settimane	1-2	3-4	5-6	7-8	9-10
rip x serie	6x3	10x3	6x4	10x4	14x4

56

▸ **Aree lavorate:** **cosce, natiche**
▸ **Muscoli usati:** **quadricipiti, glutei**

1 Afferrare un paio di manubri e tenere le braccia lungo i fianchi. In piedi, con la schiena dritta, il petto in fuori, gli addominali contratti, effettuare la retroversione del bacino.

2 Aprire le gambe leggermente di più rispetto alla larghezza delle spalle, con le punte dei piedi rivolte a 45° verso l'esterno. Sguardo in avanti. Portare i manubri alle spalle, mantenendo i gomiti piegati e rivolti in avanti.

uomini					
settimane	1-2	3-4	5-6	7-8	9-10
rip x serie	10x3	14x3	10x4	14x4	18x3

3 Inspirando, piegare le gambe fino allo squat (ginocchia a 90° e non oltre la punta del piede). Espirare ritornando nella posizione di partenza. Fare una breve pausa tra una ripetizione e l'altra. Completate le serie, chiudere le gambe e riportare i manubri al pavimento.

COSA NON FARE

Non scendere con il bacino oltre l'altezza delle ginocchia.

Spingere lo squat oltre l'altezza delle ginocchia ne sforza i legamenti e grava pesantemente sui muscoli e i tendini che ne regolano il movimento, soprattutto se l'esercizio è svolto con i pesi.

donne					
settimane	1-2	3-4	5-6	7-8	9-10
rip x serie	6x3	10x3	6x4	10x4	14x3

arti inferiori ▸ leg extensions

57

▸ **Aree lavorate:** **cosce**
▸ **Muscoli usati:** **quadricipiti**

1 Indossare un paio di cavigliere di peso idoneo al livello di allenamento. Sedere su una panca, o uno sgabello, con la schiena dritta e le ginocchia, allargate alla stessa larghezza del bacino, appoggiate al bordo. Appoggiare le mani ai lati della panca, aderenti al corpo e inspirare.

COSA FARE

Mantenere il busto eretto e gli addominali contratti. Sguardo in avanti.

uomini					
settimane	1-2	3-4	5-6	7-8	9-10
rip x serie	12x3	16x3	12x4	16x4	20x3

2 Espirando, distendere la gamba destra. Spingere con la punta del piede e mantenere il piede flesso e le ginocchia parallele. Mantenere la posizione poi, espirando, riportare giù la gamba piegandola e spingendo con il tallone. Fermarsi a una distanza di circa 5 cm dal pavimento e mantenere per qualche secondo.

3 Completare una serie e poi ripetere con la gamba sinistra.

donne					
settimane	1-2	3-4	5-6	7-8	9-10
rip x serie	8x3	12x3	8x4	12x4	16x3

58

▸ **Aree lavorate:** **cosce, natiche**
▸ **Muscoli usati:** **gluteo, ischio crurali**

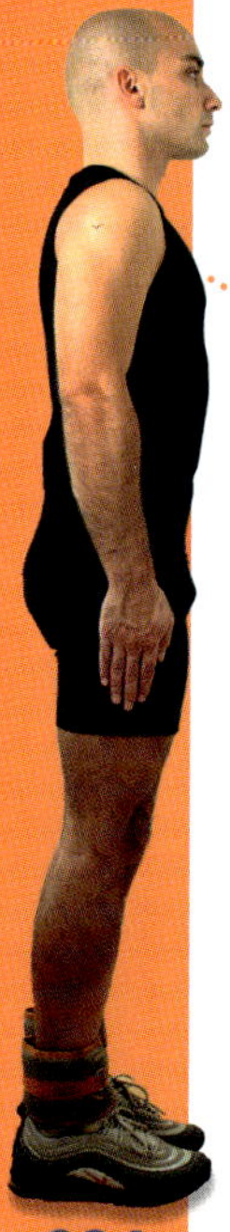

1 Indossare un paio di cavigliere di peso idoneo al proprio livello di allenamento. In piedi, di fronte a un muro, a una distanza di circa 60 cm. Sguardo in avanti.

COSA FARE

Mantenere la schiena dritta, il petto in fuori e gli addominali contratti.

2 Inspirando, allargare i piedi portandoli alla stessa larghezza del bacino; effettuare la retroversione del bacino e piegare leggermente le gambe; appoggiare le braccia al muro.

uomini					
settimane	1-2	3-4	5-6	7-8	9-10
rip x serie	10x3	14x3	10x4	14x4	18x3

3 Espirando flettere il piede destro dietro a 90°, spingendo con il tallone verso l'alto, ma senza oltrepassare l'altezza del ginocchio. Mantenere la posizione per qualche secondo e poi, inspirando, riportare il piede al pavimento, mantenendolo flesso. Completare una serie e poi ripetere l'esercizio con la gamba sinistra.

donne					
settimane	1-2	3-4	5-6	7-8	9-10
rip x serie	8x3	12x3	8x4	12x4	16x3

59

▸ **Aree lavorate:** interno cosce
▸ **Muscoli usati:** adduttori

1 Indossare un paio di cavigliere di peso idoneo al livello di allenamento e distendersi a terra sul fianco destro, con la schiena dritta, il bacino in linea. Contrarre gli addominali.

COSA FARE

Mantenere testa, spalle, ginocchia e caviglie in linea.

uomini					
settimane	1-2	3-4	5-6	7-8	9-10
rip x serie	8x3	12x3	8x4	12x4	16x3

2 Mantenere la gamba destra dritta e flettere il piede, portando la punta in estensione. Piegare la gamba sinistra e appoggiarla al pavimento, ad angolo retto rispetto al corpo. Appoggiare avambraccio e mano destra, e portare la mano sinistra a terra davanti al busto oppure, in aiuto, sulla caviglia sinistra a mantenerla in posizione. Inspirare.

3 Espirando, sollevare lentamente la gamba destra fino al massimo possibile secondo le proprie capacità, mantenendo il piede parallelo al pavimento. Tenere la posizione per qualche secondo e poi, inspirando, ritornare nella posizione di partenza, mantenendo la gamba parallela al suolo. Completare una serie e poi distendersi sul fianco sinistro e ripetere l'esercizio con la gamba sinistra.

donne					
settimane	1-2	3-4	5-6	7-8	9-10
rip x serie	6x3	10x3	6x4	10x4	14x3

60

▸ **Aree lavorate:** **parte esterna delle cosce**
▸ **Muscoli usati:** **abduttori**

1 Indossare un paio di cavigliere di peso idoneo al livello di allenamento. In piedi, con il fianco destro a una distanza di circa 60 cm da un muro. Appoggiare la mano destra al muro, alla stessa altezza della spalla, e quella sinistra sul fianco. Mantenere su la testa, la schiena dritta, il petto in fuori e gli addominali contratti. Mantenere i glutei contratti. Piegare leggermente le ginocchia e inspirare.

COSA FARE ☺

Assicurarsi che il bacino sia rivolto in avanti e che i piedi siano alla stessa larghezza del bacino.

uomini					
settimane	1-2	3-4	5-6	7-8	9-10
rip x serie	10x3	14x3	10x4	14x4	18x3

2 Espirando, sollevare lentamente la gamba sinistra, mantenendola dritta e il piede flesso. Mantenere la posizione per qualche secondo e poi, inspirando, riportare giù la gamba fino a 5 cm circa dal pavimento. Sforzarsi di eseguire un movimento fluido, non a scatti. Completare una serie e poi ripetere sul fianco sinistro con la gamba destra.

VARIANTE

Un altro metodo per eseguire lo stesso esercizio è quello di utilizzare un elastico, invece delle cavigliere, mantenendolo in estensione quando si solleva la gamba verso l'esterno.

COSA NON FARE

Non sollevare troppo la gamba per evitare di spostare indietro l'anca.

È importante mantenere il bacino rivolto in avanti: facendolo ruotare indietro si solleciterebbero i flessori dell'anca piuttosto che gli abduttori.

donne					
settimane	1-2	3-4	5-6	7-8	9-10
rip x serie	8x3	12x3	8x4	12x4	16x3

arti inferiori ▸ glutei a terra

61

▸ **Aree lavorate:** natiche
▸ **Muscoli usati:** glutei

1 Indossare un paio di cavigliere di peso idoneo al livello di allenamento. Carponi, con le ginocchia leggermente più larghe dell'ampiezza del bacino. Braccia perpendicolari alle spalle, palmi appoggiati a terra e dita in avanti. Mantenere la schiena piatta, il bacino perpendicolare al pavimento, gli addominali contratti e la testa in linea con la colonna.

2 Inspirando, distendere la gamba sinistra, con il piede flesso.

uomini					
settimane	1-2	3-4	5-6	7-8	9-10
rip x serie	10x3	14x3	10x4	14x4	18x3

3 Espirando, sollevare la gamba sinistra all'altezza dell'anca. Mantenere la gamba dritta e la punta del piede rivolta verso il basso. Mantenere la posizione per qualche secondo e poi, inspirando, riportare giù la gamba fino a quando la punta del piede non abbia toccato il pavimento. Completare una serie con la gamba sinistra e poi ripetere l'esercizio con la gamba destra.

COSA NON FARE

Attenzione a non portare la gamba troppo in alto e a non inarcare la schiena.

donne					
settimane	1-2	3-4	5-6	7-8	9-10
rip x serie	8x3	12x3	8x4	12x4	16x3

Al minimo fastidio avvertito nella zona lombare, fermarsi. Può darsi che la gamba sia stata portata troppo in alto o che il peso della cavigliera sia troppo pesante.

62

▸ **Aree lavorate:** **polpacci**
▸ **Muscoli usati:** **gastrocnemio, soleo**

1 Indossare un paio di cavigliere di peso idoneo al livello di allenamento e porre uno step a pochi centimetri da un muro. In piedi, mantenendo la schiena dritta e la retroversione del bacino. Piegare leggermente le ginocchia e mantenere il bacino rivolto in avanti.

2 Salire sullo step, lasciando i talloni fuori, appoggiare le mani al muro e la fronte sulle mani. Inspirare.

uomini					
settimane	1-2	3-4	5-6	7-8	9-10
rip x serie	10x3	14x3	10x4	14x4	18x3

3 Espirando, sollevarsi lentamente sulla punta dei piedi, mantenendoli rivolti in avanti. Mantenere la posizione per qualche secondo, contraendo al massimo i muscoli dei polpacci. Inspirando riportare lentamente i talloni a terra. Completare una serie e poi ripetere.

COSA NON FARE

Attenzione a non andare in iperestensione con il polpaccio.

donne					
settimane	1-2	3-4	5-6	7-8	9-10
rip x serie	8x3	12x3	8x4	12x4	16x3

63

▸ **Aree lavorate:** **spalle, busto, parte post. delle braccia**
▸ **Muscoli usati:** **pettorali, deltoidi anteriori, tricipiti**

1 Sdraiati a terra, in posizione prona, con il corpo proteso dietro e le braccia tese. Piegando le braccia, formare con gli avambracci un angolo di 90°. Mantenere la schiena piatta, gli addominali contratti e la testa in linea con la colonna. Inspirare.

COSA FARE

Tenere il mento in linea con il busto.

2 Espirando, distendere le braccia, senza stringere/forzare i gomiti, glutei contratti e punte dei piedi ferme a terra. Mantenere la posizione per qualche secondo.

uomini					
settimane	1-2	3-4	5-6	7-8	9-10
rip x serie	8x3	12x3	8x4	12x4	16x4

3 Inspirando, ritornare verso terra, cercando di far arrivare il busto a circa 5 cm dal pavimento. Provare a non riposare tra una ripetizione e l'altra.

4 Espirando, stendere nuovamente le braccia spingendo il busto verso l'alto, ma sempre senza forzare sui gomiti.

COSA NON FARE

Fare particolare attenzione a non inarcare la schiena e a mantenere tutto il corpo in asse.

donne					
settimane	1-2	3-4	5-6	7-8	9-10
rip x serie	6x3	10x3	6x4	10x4	14x4

64

▸ **Aree lavorate: spalle, parte alta della schiena, parte post. delle braccia**

▸ **Muscoli usati: deltoidi anteriori, trapezio, tricipiti**

1 In piedi, piegare le gambe, afferrare una barra, portarla dietro la testa fino ad appoggiarla dietro le spalle.

2 Allargare la presa delle mani sulla barra a un'ampiezza che sia una volta e mezzo quella delle spalle. Allargare le gambe alla stessa larghezza delle spalle e piegarle. Mantenere la schiena dritta, il busto in fuori, gli addominali contratti e la retroversione del bacino. I gomiti devono essere rivolti verso il basso e i polsi in linea con le nocche, che sono rivolte verso l'alto. Mantenere la testa in linea con la colonna e guardare in avanti. Inspirare.

uomini					
settimane	1-2	3-4	5-6	7-8	9-10
rip x serie	8x3	12x3	8x4	12x4	10x4

3 Espirando, portare la barra verso l'alto estendendo le braccia e spingendo con le nocche facendo attenzione a non bloccare i gomiti. Mantenere la posizione per qualche secondo, poi inspirando riportare la barra all'altezza delle spalle, spingendo con i gomiti. Completate le serie, stringere le mani alla larghezza delle spalle e riportare la barra a terra.

COSA NON FARE

Fare attenzione a non appoggiare la barra sulle spalle tra una ripetizione e l'altra.

donne					
settimane	1-2	3-4	5-6	7-8	9-10
rip x serie	6x3	10x3	6x4	10x4	8x4

spalle ▸ alzate laterali con busto in avanti

65

▸ **Aree lavorate: parte post. delle spalle, parte alta della schiena**

▸ **Muscoli usati: deltoidi posteriori, grande romboide**

1 Mettere un paio di manubri a terra, davanti a una panca. Sedere sul bordo della panca con i piedi aperti quanto la larghezza del bacino, la schiena piatta, gli addominali contratti. Mantenere la testa in linea con la colonna e guardare in basso.

2 Afferrare i manubri in linea con le spalle e inclinare il busto verso le ginocchia. Mantenere le braccia allungate e distese, con i palmi uno di fronte all'altro, i polsi dritti e i gomiti leggermente piegati. Inspirare.

uomini					
settimane	1-2	3-4	5-6	7-8	9-10
rip x serie	8x3	12x3	8x4	12x4	10x4

3 Espirando, portare le braccia verso l'alto lateralmente, spingendo con i gomiti e le nocche, e fermarsi all'altezza delle spalle. Mantenere i gomiti leggermente piegati. Mantenere la posizione per qualche secondo, poi inspirando ritornare nella posizione di partenza. Cercare di effettuare movimenti fluidi e di non svolgere l'esercizio a scatti.

VARIANTE

In alternativa, l'esercizio può essere svolto utilizzando un elastico: in piedi, gambe allineate alla larghezza delle spalle, petto in fuori, addominali contratti, retroversione del bacino; inspirare. Mettere un elastico sotto i piedi, afferrare le estremità, inspirando; espirando, aprire le braccia, mantenendo il busto eretto.

donne					
settimane	1-2	3-4	5-6	7-8	9-10
rip x serie	6x3	14x3	6x4	10x4	8x4

spalle ▸ tirate al mento

66

▸ **Aree lavorate: parte post. delle spalle, parte alta della schiena**

▸ **Muscoli usati: deltoidi posteriori, grande romboide**

1 Afferrare una barra e mantenerla con le due mani all'altezza delle cosce. In piedi, la schiena dritta, il petto in fuori e gli addominali contratti. Retroversione del bacino.

2 Aprire i piedi alla stessa larghezza delle spalle e piegare leggermente le gambe. Mantenere il bacino rivolto in avanti. Stringere la presa sulla barra a un'ampiezza di circa 10 cm. Mantenere i polsi dritti e rilassare le spalle. Inspirare.

uomini					
settimane	1-2	3-4	5-6	7-8	9-10
rip x serie	8x3	12x3	8x4	12x4	10x4

3 Espirando, sollevare la barra verso il busto, spingendo con i gomiti. Mantenere la barra aderente al corpo, con i gomiti alti. Mantenere la posizione per qualche secondo, poi inspirando ritornare nella posizione di partenza. Completate le serie, allargare la presa alla stessa larghezza delle spalle e riportare la barra a terra.

VARIANTE

In alternativa, l'esercizio può essere svolto anche con un elastico: partendo dalla postura della fase 1, con i piedi ben appoggiati al centro dell'elastico, afferrarne le estremità ed eseguire le fasi 2 e 3.

donne					
settimane	1-2	3-4	5-6	7-8	9-10
rip x serie	6x3	10x3	6x4	10x4	8x4

busto ▸ croce su panca o step

67

▸ **Aree lavorate:** **petto, spalle**
▸ **Muscoli usati:** **pettorali, deltoidi anteriori**

1 Sedersi su uno step e appoggiare a terra, ai lati, un paio di manubri.

COSA FARE

Testa in linea con la colonna, addominali contratti.

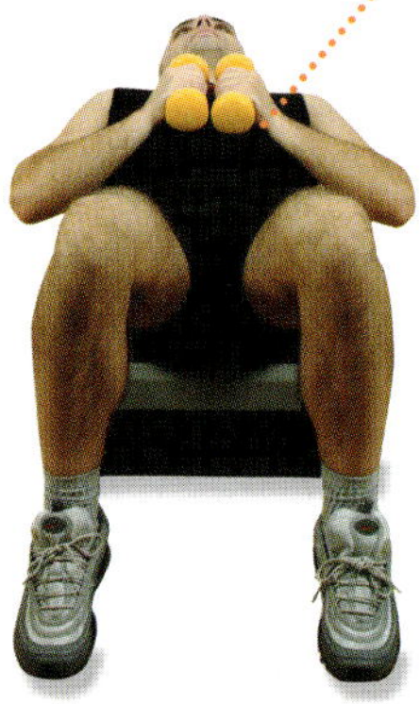

2 Stendersi sullo step, con i piedi ben appoggiati per terra e allargati quanto l'ampiezza del bacino, le gambe piegate e leggermente divaricate, allineate al bacino. Portare i pesi sul busto. Mantenere la zona lombare aderente allo step aiutandosi con la contrazione degli addominali.

uomini					
settimane	1-2	3-4	5-6	7-8	9-10
rip x serie	8x3	12x3	8x4	12x4	10x4

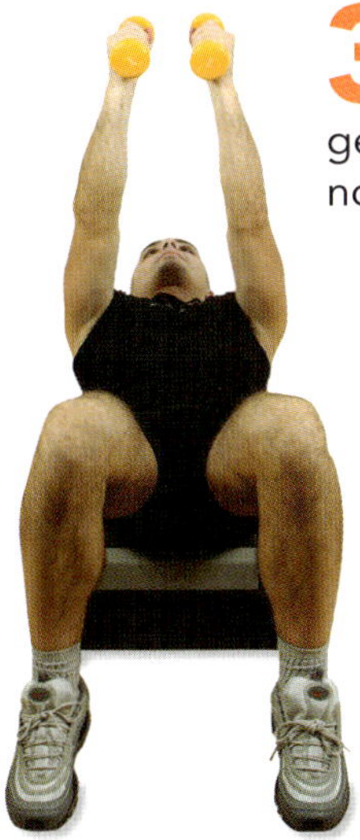

3 Con movimento controllato, distendere le braccia verso l'alto. Piegare leggermente i gomiti e i polsi in modo che le nocche siano le une di fronte alle altre.

4 Inspirando, estendere le braccia verso l'esterno: spingere con i gomiti, mantenendoli leggermente piegati. Fermarsi all'altezza delle spalle e mantenere le braccia in linea con le spalle e il busto, ma con i gomiti leggermente flessi. Mantenere la posizione per qualche secondo poi, espirando, riportare le braccia verso l'alto.

donne					
settimane	1-2	3-4	5-6	7-8	9-10
rip x serie	6x3	10x3	6x4	10x4	8x4

Livello:
avanzato

L'esercizio può essere svolto anche utilizzando la panca inclinata, oppure stando sdraiati a terra, tenendo presente che il vantaggio fornito dall'utilizzo dello step, o della panca, consente di poter allargare le braccia e aprirle fino a portarle all'altezza delle spalle mantenendo i gomiti leggermente flessi che, quindi, si troveranno a essere appena più in basso rispetto alla posizione delle spalle stesse.

68

▸ **Aree lavorate: petto, schiena**
▸ **Muscoli usati: pettorali, trapezio**

1 Afferrare un manubrio e poi sedere su uno step con i pesi appoggiati sulle cosce.

2 Distendersi sulla panca con la schiena piatta e ben aderente allo step, ma senza forzare la naturale curvatura. Addominali contratti. Portare il manubrio sopra il petto, impugnandolo a una delle estremità, con i gomiti piegati e raccolti ai fianchi. Mantenere i polsi dritti e le nocche verso l'alto.

COSA FARE

Assicurarsi che la testa sia in linea con la colonna e che il corpo sia al centro della panca.

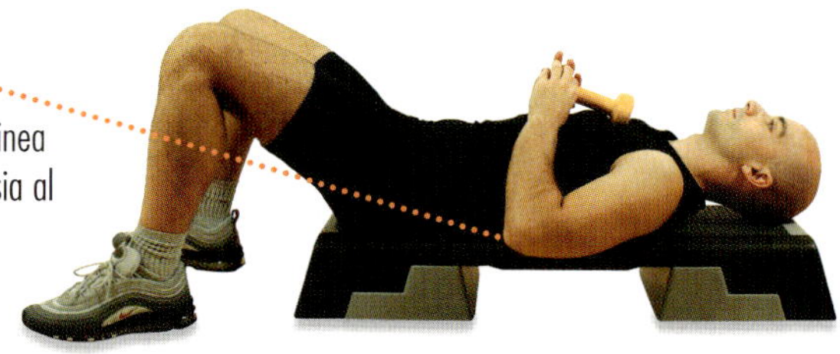

uomini					
settimane	1-2	3-4	5-6	7-8	9-10
rip x serie	10x3	14x3	10x4	14x4	12x4

3 Inspirare ed, espirando, portare le braccia in alto, mantendo i gomiti leggermente flessi.

4 Inspirando, distendere le braccia dietro, in linea con le spalle, verso il pavimento ma senza toccarlo. Mantenere i gomiti a 45°. Espirando, riportare il peso in alto, spingendo con i gomiti.

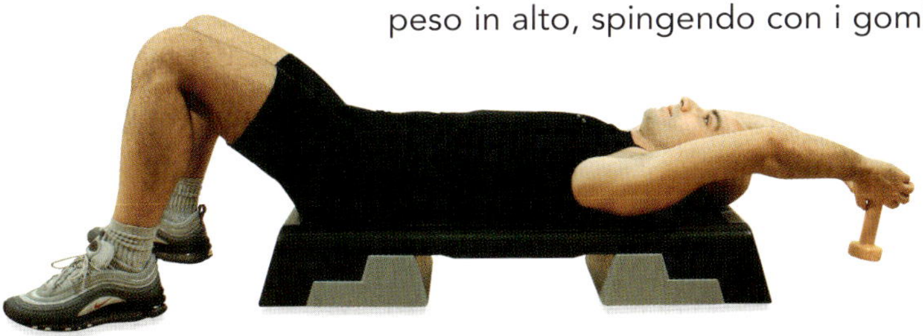

Se occorresse, per facilitare l'appiattimento della schiena, mettere un supporto sotto i piedi, come dei pesi o semplicemente un libro; nel caso in cui non dovesse essere sufficiente, appoggiare i piedi sulla panca.

donne					
settimane	1-2	3-4	5-6	7-8	9-10
rip x serie	8x3	12x3	8x4	12x4	10x4

braccia › curl avanzato

69

› **Aree lavorate:** parte anteriore delle braccia, avambracci
› **Muscoli usati:** bicipiti, brachiale

1 Con la mano destra afferrare un manubrio, portarlo davanti alla coscia e sedersi sul bordo di una panca. I piedi completamente a terra, divaricati comodamente. Con gli addominali contratti e la schiena piatta, piegare il busto in avanti.

COSA FARE

Mantenere la testa in linea con la colonna.

2 Appoggiare l'avambraccio sinistro sulla coscia sinistra. Mantenere il polso destro dritto e appoggiare il gomito destro sull'interno coscia destro. Inspirare.

uomini					
settimane	1-2	3-4	5-6	7-8	9-10
rip x serie	8x3	12x3	8x4	12x4	10x4

3 Sempre con la schiena piatta e il polso dritto, espirare flettendo lentamente l'avambraccio sul braccio. Contrarre i bicipiti e, inspirando riportare i pesi nella posizione di partenza. Completata una serie con il braccio destro, ripetere poi con il sinistro.

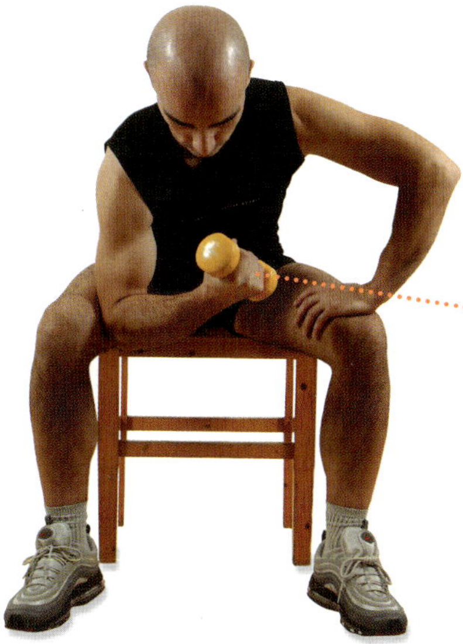

COSA FARE

Contrarre i bicipiti e, inspirando riportare i pesi nella posizione di partenza. Attenzione a controllare sempre il movimento durante l'esercizio: appoggiare la mano sinistra sull'esterno del braccio destro per accompagnare il movimento, se necessario.

Non usare un peso eccessivo rispetto alle proprie possibilità, perché si rischierebbe di stirare la schiena soprattutto durante le ultime alzate. Mantenere la schiena piatta, ma non dritta. Usare gli addominali per mantenere fermo il busto.

donne					
settimane	1-2	3-4	5-6	7-8	9-10
rip x serie	6x3	10x3	6x4	10x4	8x4

braccia ▸ estensione dei tricipiti

70

▸ **Aree lavorate:** **parte posteriore delle braccia**
▸ **Muscoli usati:** **tricipiti**

1 Afferrare un manubrio con la mano destra e sedere su una panca con i piedi ben appoggiati per terra. Mantenere la schiena dritta, il petto in fuori e gli addominali contratti. Assicurarsi che la testa sia in linea con la colonna. Appoggiare la mano sinistra sul fianco.

2 Con il polso dritto, sollevare il peso verso la spalla e poi il braccio verso l'alto, mantenendolo in linea con la spalla e controllando il movimento.

uomini					
settimane	1-2	3-4	5-6	7-8	9-10
rip x serie	8x3	12x3	8x4	12x4	10x4

3 Inspirando, flettere l'avambraccio dietro la testa, sul braccio. Mantenere il peso aderente al corpo e il gomito rivolto verso l'alto. Espirando, riportare il braccio in estensione, sempre mantenendo il polso dritto. Completare una serie con il braccio destro e quindi ripetere con quello sinistro.

VARIANTE

Questo stesso esercizio può essere svolto rimanendo in piedi; stando seduti, tuttavia, si ha il vantaggio di alleggerire la schiena.

donne					
settimane	1-2	3-4	5-6	7-8	9-10
rip x serie	6x3	10x3	6x4	10x4	12x4

71

▸ **Aree lavorate: addome**

▸ **Muscoli usati: retto addominale**

1 Distesi sulla schiena, con le gambe piegate e divaricate alla stessa larghezza del bacino, i piedi ben appoggiati a terra. Braccia distese lungo il corpo.

COSA FARE

Far aderire bene la zona lombare al pavimento, in modo che non ci sia nessun arco.

2 Contrarre gli addominali a fondo e portare le mani dietro la testa, con i gomiti appoggiati a terra.

uomini					
settimane	1-2	3-4	5-6	7-8	9-10
rip x serie	12x3	15x3	20x3	25x3	30x3

3 Assicurarsi che la testa sia in linea con la colonna e appoggiare le mani sulle cosce. Inspirare.

4 Espirando, sollevare lentamente le spalle da terra, mentre le mani scorreranno in direzione delle ginocchia. Eseguire dei movimenti piccoli. Mantenere gli addominali contratti e la testa in linea con la colonna. Mantenere la posizione e poi, inspirando, scendere con le spalle verso terra, senza rilassare gli addominali. Sfiorare il pavimento con le spalle e ripetere.

donne					
settimane	1-2	3-4	5-6	7-8	9-10
rip x serie	10x3	12x3	16x3	20x3	25x3

Un'alternativa più impegnativa a questo esercizio si ottiene svolgendolo con il supporto di un peso, idoneo alle proprie possibilità, appoggiato sul petto e tenuto con le mani incrociate.

addominali ▸ doppio crunch

72

▸ **Aree lavorate: addome**
▸ **Muscoli usati: retto addominale**

1 Distesi sulla schiena, gambe unite e spalle ben appoggiate al suolo. Contrarre gli addominali a fondo. Assicurarsi che la testa sia in linea con la colonna.

COSA FARE

Far aderire la zona lombare al pavimento, in modo che non ci sia nessun arco.

2 Mettere le mani dietro la testa. Mantenere i gomiti aperti e appoggiati a terra. Inspirare.

uomini					
settimane	1-2	3-4	5-6	7-8	9-10
rip x serie	12x3	15x3	20x3	25x3	30x3

3 Espirando, sollevare le gambe e contemporaneamente le spalle da terra. Punte in estensione e addominali contratti.

4 Mantenere la posizione e poi, inspirando, ritornare nella posizione di partenza sfiorando il pavimento con i talloni e le spalle ma senza toccarlo e poi ripetere.

donne					
settimane	1-2	3-4	5-6	7-8	9-10
rip x serie	10x3	12x3	16x3	20x3	25x3

Si tratta di un esercizio impegnativo, sconsigliato a chi ancora avesse addominali deboli e poco allenati.

In alternativa, l'esercizio può essere svolto in maniera meno impegnativa con il crunchtrainer.

addominali ▸ crunch incrociato

73

▸ **Aree lavorate: addome**
▸ **Muscoli usati: retto addominale, zona pelvica**

1 Distesi sulla schiena, con le gambe piegate e divaricate alla stessa larghezza delle spalle c i piedi ben appoggiati a terra. Fare attenzione che non si formi nessun arco all'altezza della zona lombare che deve aderire bene al pavimento. Contrarre gli addominali a fondo e assicurarsi che la testa sia in linea con la colonna. Mettere le mani dietro la nuca.

2 Sollevare leggermente le spalle da terra. Inspirare.

uomini					
settimane	1-2	3-4	5-6	7-8	9-10
rip x serie	12x3	15x3	20x3	25x3	30x3

3 Espirando e facendo attenzione a mantenere gli addominali contratti e la testa in linea con la colonna, sollevare lentamente le spalle ed effettuare una flessione-torsione del busto, avvicinando il gomito destro al ginocchio sinistro, che deve essere contemporaneamente sollevato da terra. Mantenere la posizione per qualche secondo.

4 Inspirando, ritornare nella posizione di partenza sfiorando il pavimento con le spalle, senza toccarlo.

5 Ripetere l'esercizio sull'altro lato.

donne					
settimane	1-2	3-4	5-6	7-8	9-10
rip x serie	10x3	12x3	16x3	20x3	25x3

74

- **Aree lavorate:** cosce
- **Muscoli usati:** quadricipiti

1 In piedi, braccia lungo il corpo, piedi uniti. Schiena dritta, petto in fuori, addominali contratti, retroversione del bacino.

Una delle prime regole da osservare quando ci si avvicina allo stretching è quella di non forzare mai il movimento, poiché uno sforzo eccessivo può rivelarsi doloroso e dannoso per la struttura muscolare.

2 Inspirando, portare la mano destra alla caviglia destra ed, espirando, avvicinare il tallone al gluteo corrispondente. Mantenere il ginocchio in linea, con la gamba d'appoggio leggermente flessa. Alla prima tensione localizzata sulla coscia, fermarsi per 30 secondi. Rilassarsi e ripetere il movimento, cercando di guadagnare qualche centimetro nell'avvicinamento del tallone al gluteo. Ripetere l'esercizio con la gamba sinistra.

Per mantenersi in equilibrio durante l'esercizio può essere utile appoggiare la mano non impegnata sulla spalliera di una sedia, per esempio, o su una qualsiasi altra base utile.

COSA NON FARE

Attenzione a non inarcare la schiena.

75

- **Aree lavorate:** **cosce**
- **Muscoli usati:** **ischio-tibiali, polpacci**

1 In posizione supina, con le braccia lungo il corpo e le gambe piegate. I piedi ben appoggiati al pavimento.

2 Far passare il centro di una corda sotto la pianta del piede sinistro e piegare la gamba portando il ginocchio verso il petto.

3 Espirando, distendere la gamba sinistra in alto, con la punta del piede rivolta in basso, in modo da formare un angolo retto tra la coscia e il busto. Spingere con il tallone verso l'alto, aiutando il piede con la corda a mantenere la posizione. Mantenere il ginocchio in linea, la schiena piatta, gli addominali contratti e la retroversione del bacino. Eseguire due serie di allungamenti da 30 secondi per gamba.

76

- **Aree lavorate:** cosce
- **Muscoli usati:** ischio-tibiali, polpacci

1 Seduti su un tappetino con le gambe piegate e i piedi appoggiati a terra. La schiena dritta, il busto eretto, gli addominali contratti. Inspirando, distendere la gamba destra in avanti con la punta del piede verso l'alto. Mani in appoggio a terra dietro la schiena.

2 Espirando, fare leva sulle mani per inclinare il busto verso la coscia. Mantenere il ginocchio in linea e la schiena piatta. Alla prima tensione localizzata dietro la coscia e il polpaccio, fermarsi per 30 secondi. Rilassarsi e ripetere il movimento, cercando di guadagnare qualche centimetro nell'avvicinamento del busto alla coscia.

3 Ripetere l'esercizio con la gamba sinistra.

77

- **Aree lavorate:** cosce
- **Muscoli usati:** ischio-tibiali, polpacci

1 In posizione supina, con le braccia lungo il corpo, le gambe piegate e i piedi appoggiati a terra.

2 Passare una corda sotto le piante dei piedi e impugnarne le estremità con le mani. Portare le gambe verso l'alto e mantenerle distese a 90° rispetto al busto.

Non ricercate mai il dolore come segnale finale del risultato ottenuto. Durante l'esecuzione degli esercizi lasciatevi invece guidare da una sensazione positiva e armoniosa.

3 Inspirare ed, espirando, distendere le gambe, e mantenere la posizione per 30 secondi. Rilassarsi e ripetere.

78

- **Aree lavorate:** cosce
- **Muscoli usati:** quadricipiti

1 Sdraiarsi sul fianco destro con il braccio piegato e la testa in appoggio sul palmo della mano.

2 Inspirando, portare la mano sinistra alla caviglia sinistra, piegando indietro la gamba. Espirando, avvicinare il tallone al gluteo corrispondente. Mantenere il ginocchio in linea. Eseguire due serie di allungamenti da 30 secondi e poi ripetere sull'altro fianco.

COSA FARE

Schiena dritta, petto in fuori, addominali contratti, retroversione del bacino.

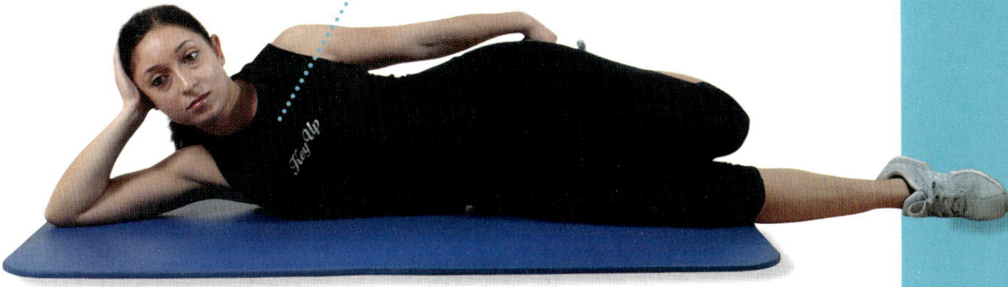

COSA NON FARE

Attenzione a non sollevare la gamba in trazione; mantenerla parallela all'altra.

79

- **Aree lavorate:** cosce
- **Muscoli usati:** ischio-tibiali, polpacci

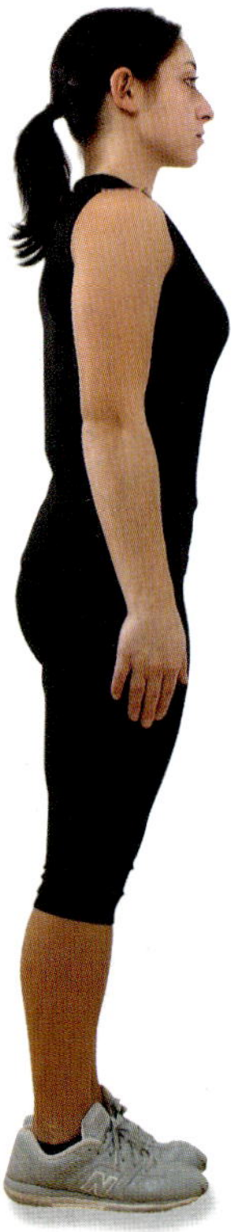

1 In piedi, a circa 50-60 cm di fronte a un muro.

Un intervento molto positivo sui muscoli, da effettuare prima di iniziare il lavoro di stretching, si ha eseguendo un automassaggio. Il metodo più semplice per eseguire un automassaggio è quello di immaginare di avere fra le mani una saponetta, e di procedere all'applicazione del sapone sul corpo, manipolando le parti interessate con una certa intensità, in modo da "preparare" le parti coinvolte dal lavoro specifico.

2 Inspirando, portare la gamba destra indietro distesa, piegare leggermente quella sinistra e appoggiare le mani al muro, all'altezza del viso. Posizionarsi in modo che le gambe non siano divaricate e i piedi risultino paralleli, così da avvertire una tensione comoda sul polpaccio destro.

3 Espirando, spingere lentamente il ginocchio sinistro in avanti, fino a raggiungere una tensione più avvertibile ma mai dolorosa. Mantenere il ginocchio in linea, la schiena dritta e la testa e il collo allineati. Gli addominali contratti e la retroversione del bacino. Rimanere in posizione per 30 secondi, mantenendo la respirazione regolare e profonda. Ripetere l'esercizio sull'altra gamba.

80

- **Aree lavorate:** cosce
- **Muscoli usati:** ischio-crurali, polpacci

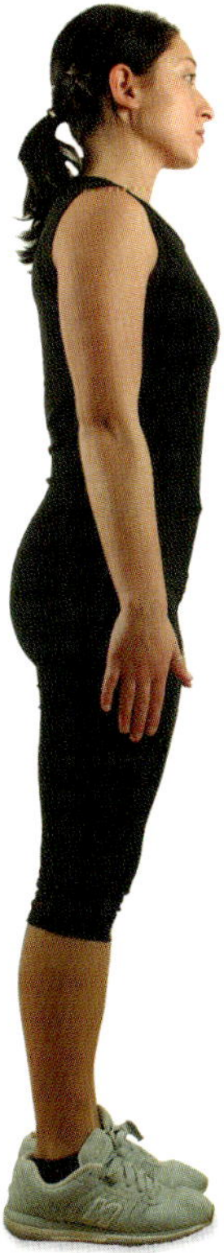

1 In piedi, con le gambe unite.

2 Inspirando, portare le braccia distese sopra la testa.

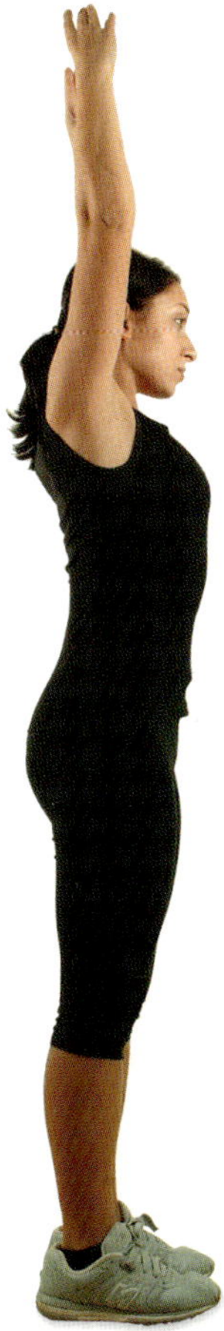

3 Espirando, flettere il busto in avanti con le braccia e la testa rilassate, fino a raggiungere una tensione modesta sui femorali. Piegare leggermente le gambe.

4 Inspirando, allungare le braccia verso il pavimento e distendere completamente le gambe, fino a raggiungere una tensione più consistente, ma non dolorosa, sui femorali. Mantenere le ginocchia in linea. Rimanere in posizione per 30 secondi, concentrandosi sulla respirazione regolare e profonda. Inspirare poi, espirando, tornare nella posizione di partenza.

81

- **Aree lavorate:** interno cosce, posteriore cosce
- **Muscoli usati:** ischio-crurali, adduttori

1 Seduti, gambe unite. Schiena dritta, addominali contratti.

Lo stress e la tensione nervosa tendono a irrigidire il corpo, rendendo più difficile l'applicazione dei presupposti dell'allungamento. Prima di iniziare, cercate di rilassarvi.

2 Inspirando, divaricare le gambe alla massima apertura consentita dalle proprie possibilità ed, espirando, portare le braccia avanti, con i palmi appoggiati a terra.

3 Inspirare ed, espirando, flettere il busto in avanti e appoggiare i gomiti a terra, fino a raggiungere una tensione modesta sui femorali. Rimanere in posizione per 30 secondi, concentrandosi sulla respirazione regolare e profonda. Inspirare ed, espirando, tornare nella posizione di partenza.

82

- **Aree lavorate:** anca
- **Muscoli usati:** adduttori, abduttori, inclinatori laterali del tronco

1 In piedi, con le braccia lungo il corpo, schiena dritta, gambe unite, piedi paralleli.

2 Inspirare e, espirando, appoggiare lateralmente la gamba destra e distenderla su un supporto, all'altezza dell'anca. Mantenere la punta del piede destro verso l'alto (per non creare uno stress alle strutture articolari del ginocchio) e la punta del piede sinistro in avanti. Inspirare e, espirando, portare le mani incrociate dietro la testa, gomiti aperti.

3 Espirando, inclinare il busto sull'arto sollevato, il più vicino possibile al ginocchio, facendo attenzione a mantenere il bacino in avanti. La tensione deve essere comoda, ma decisamente avvertibile. Rimanere in posizione per 30 secondi. Respirare profondamente e rilassarsi. Inspirando ritornare nella posizione di partenza. Svolgere l'esercizio sull'altro lato.

83

▸ **Aree lavorate: spalle**
▸ **Muscoli usati: pettorali**

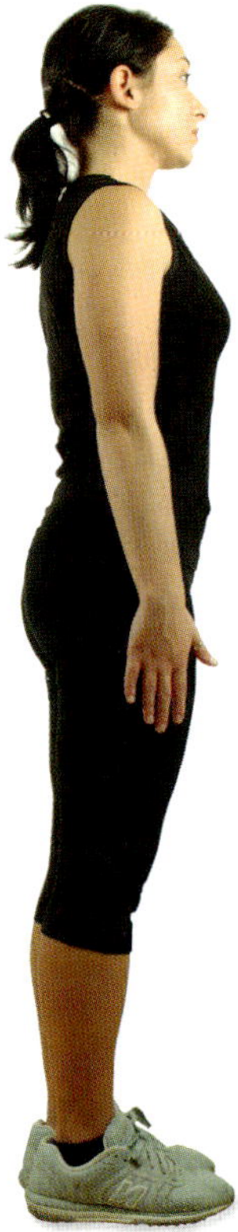

1 In piedi, con la schiena dritta, il petto in fuori, gli addominali contratti, la retroversione del bacino, le braccia lungo i fianchi e i piedi paralleli.

Eseguire lo stretching è importante, eseguirlo bene lo è ancora di più. L'allungamento rilassa i muscoli e aiuta a diminuire la tensione muscolare.

2 Inspirando, distendere le braccia dietro la schiena e intrecciare le dita.

3 Espirando, allungare le braccia. Rimanere in posizione per 30 secondi, concentrandosi sulla respirazione regolare e profonda, e ripetere.

84

- **Aree lavorate:** spalle
- **Muscoli usati:** deltoide, trapezio

1 In piedi, schiena dritta, petto in fuori, addominali contratti, retroversione del bacino.

> Svolgere alcuni esercizi di allungamento prima di coricarsi permette di riposare meglio e in modo più proficuo.

2 Inspirando, sollevare il braccio destro all'altezza della spalla e portare la mano sinistra al gomito destro.

3 Espirando, portare il braccio verso la spalla sinistra, spingendo sul gomito, e mantenendolo parallelo al pavimento, senza forzare eccessivamente. Mantenere la posizione per 30 secondi. Ripetere l'esercizio con il braccio sinistro.

85

- **Aree lavorate:** spalle
- **Muscoli usati:** deltoide, trapezio

1 In piedi, schiena dritta, petto in fuori, addominali contratti, retroversione del bacino.

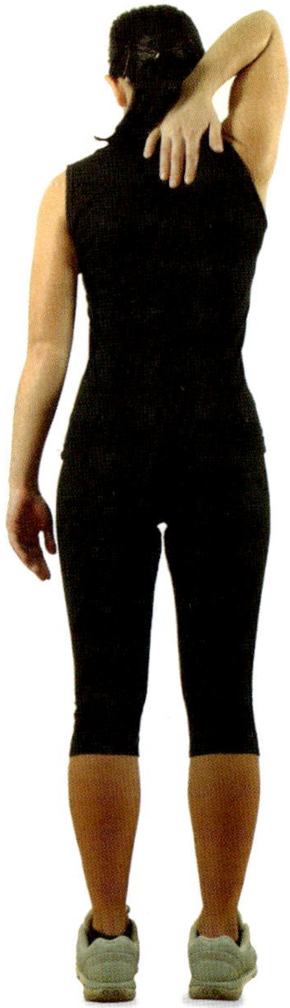

2 Inspirando, sollevare il braccio destro in alto, piegare il gomito ed, espirando, portarlo dietro la nuca in modo che la mano sia appoggiata fra le scapole.

L'equilibrio fra l'esercizio e le sensazioni che ne derivano deve diventare la base essenziale del lavoro sulla propria persona.

3 Inspirando, afferrare con la mano sinistra la mano destra, con il braccio dietro la schiena in rotazione interna, e mettere in tensione. Mantenere per 30 secondi. Ripetere l'esercizio con il braccio sinistro.

86

- **Aree lavorate:** spalle
- **Muscoli usati:** deltoide, trapezio

1 In piedi, schiena dritta, petto in fuori, addominali contratti, retroversione del bacino.

2 Divaricare le gambe quanto l'ampiezza del bacino.

3 Afferrare una corda alle due estremità, allargare le braccia circa quanto il doppio dell'ampiezza delle spalle e, inspirando, portarle in alto, sopra la testa.

4 Espirando, piegare le braccia facendole scendere dietro la testa, fino a raggiungere l'altezza delle spalle. Mantenere la corda in tensione. Mantenere la posizione per 30 secondi, respirando profondamente. Inspirando, ritornare nella posizione di partenza.

87

- **Aree lavorate:** braccia, mani
- **Muscoli usati:** bicipiti, flessori della mano

1 In piedi, di fianco a un muro, con la schiena dritta, il petto in fuori, gli addominali contratti e la retroversione del bacino, le braccia lungo i fianchi.

2 Inspirando, distendere il braccio sinistro leggermente indietro, in linea con la spalla. Espirando, appoggiare le dita al muro.

3 Inspirando, portare avanti la gamba sinistra di un passo, senza spostarsi con il busto, ed espirare. Sguardo in avanti. Mantenere la posizione per almeno 30 secondi respirando profondamente. Ripetere l'esercizio con l'altro braccio.

88

- **Aree lavorate:** braccia, mani
- **Muscoli usati:** bicipiti, flessori della mano

1 Seduti a terra, gambe incrociate. Schiena dritta, petto in fuori, addominali contratti.

2 Inspirare ed, espirando, incrociare le mani, sollevare le braccia distese all'altezza delle spalle e spingere con i palmi verso l'esterno.

3 Inspirando, portare le braccia distese sopra la testa, in linea con le spalle, ed, espirando, spingere con i palmi verso l'alto. Mantenere la posizione per 30 secondi, respirando profondamente. Inspirando, ritornare nella posizione di partenza.

mani e polsi

89

- **Aree lavorate:** mani e polsi
- **Muscoli usati:** flessori delle dita e dei polsi

1 Seduti sui talloni, inspirare.

2 Espirando, mettersi carponi, appoggiando i palmi delle mani a terra, le dita in avanti.

3 Inspirare e, espirando, eseguire delle estensioni delle mani spostando il corpo verso la punta delle dita. Rimanere in posizione per 30 secondi. Respirare profondamente e rilassarsi. Inspirare e, espirando, ritornare nella posizione di partenza.

L'esercizio può essere svolto anche con le dita rivolte dietro e spostando il peso del corpo indietro, ma richiede una buona articolabilità del polso.

Per le donne in fase menopausale l'utilizzo dello stretching può diventare un'arma per affrontare l'osteoporosi, malattia che in Italia colpisce una donna su tre.

mani e polsi

90

- **Aree lavorate:** mani e polsi
- **Muscoli usati:** flessori delle dita e del polso

1 Seduti sui talloni, inspirare.

2 Espirando, spingere con il palmo della mano sinistra contro le dita distese della mano destra. Rimanere in posizione per 30 secondi. Respirare profondamente e rilassarsi. Inspirare e, espirando, ritornare nella posizione di partenza. Svolgere l'esercizio sull'altro lato.

91

- **Aree lavorate:** fasce laterali
- **Muscoli usati:** dorsali, erettore spinale, obliqui

1 In piedi, gambe unite e leggermente piegate, braccia lungo i fianchi. Schiena dritta, petto in fuori e addominali contratti.

2 Divaricare le gambe quanto l'ampiezza delle spalle. Appoggiare la mano sinistra sul fianco sinistro e, inspirando, allungare il braccio destro distendendolo sopra la testa.

3 Espirando, flettere il busto verso sinistra, fino a sentire una leggera tensione sul dorsale destro, in allungamento. Mantenere lo sguardo in avanti e il bacino fermo. Inspirare ed, espirando, accentuare la trazione, spingendo con la punta delle dita verso sinistra. Rimanere in posizione per 30 secondi. Respirare profondamente e rilassarsi. Inspirare ed, espirando, tornare nella posizione di partenza.

COSA FARE

La tensione sul dorsale destro deve essere comoda, ma decisamente avvertibile.

92

- **Aree lavorate:** parte bassa della schiena
- **Muscoli usati:** erettore spinale

Ogni posizione deve essere eseguita e mantenuta in base ai propri bisogni: l'allenamento permetterà di mantenere posture che inizialmente vi potranno sembrare difficili.

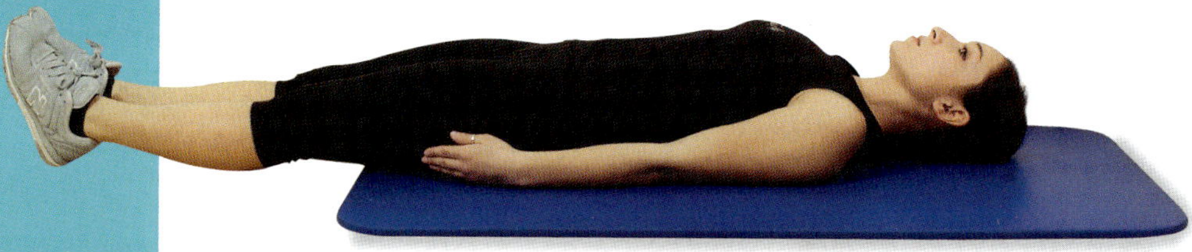

1 Sdraiati a terra, in posizione supina, vicino a un muro, con le braccia distese lungo il corpo.

2 Inspirando, sollevare le gambe ed, espirando, ruotare il busto e distenderle appoggiandole alla parete. Portare le gambe in estensione, in modo da formare un angolo retto con la colonna vertebrale, con i glutei appoggiati al muro. Mantenere la posizione per almeno 30 secondi.

93

- **Aree lavorate:** parte bassa della schiena
- **Muscoli usati:** erettore spinale

1 A terra, in posizione supina con le braccia distese lungo il corpo. Inspirando, piegare le gambe ed, espirando, appoggiare i piedi al suolo mantenendoli appena divaricati tra loro.

2 Inspirare ed, espirando, portare le mani alla nuca.

3 Eseguire l'esercizio di retroversione del bacino: contraendo gli addominali far appiattire il segmento lombare fino a farlo aderire bene al pavimento. Mantenere la posizione per almeno 30 secondi.

94

▸ **Aree lavorate: parte bassa della schiena**
▸ **Muscoli usati: ischio-crurali, erettore spinale**

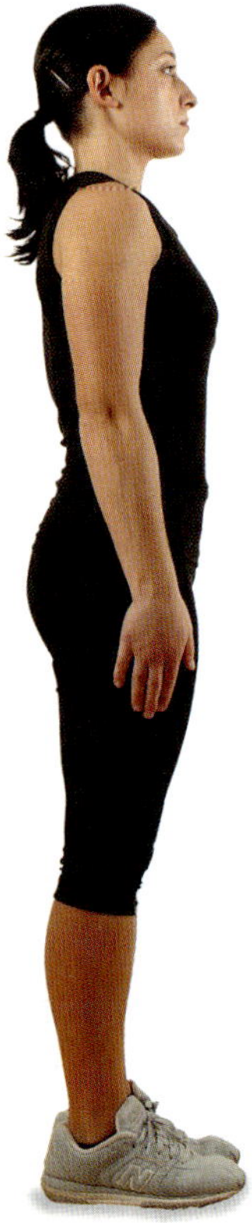

1 In piedi, con le braccia lungo il corpo. Schiena dritta, petto in fuori, addominali contratti, retroversione del bacino.

Lo stretching non deve essere vissuto come una gara contro se stessi o gli altri, ma come una ricerca di sensazioni profonde e piacevoli che derivano dall'armonia nell'esecuzione dell'esercizio.

2 Inspirando, portare avanti la gamba destra, tenendola distesa e appoggiando il peso sul tallone.

3 Espirando, piegare il ginocchio sinistro mantenendo la gamba destra distesa, piegare il busto portandolo in avanti, appoggiare entrambe le mani sulla coscia sinistra. Piegandosi in avanti, cercare di distendere il più possibile la gamba destra. Mantenere la posizione per almeno 30 secondi. Ripetere l'esercizio con la gamba sinistra.

95

- **Aree lavorate:** tutta la schiena
- **Muscoli usati:** erettore spinale

1 A terra, in posizione supina, con le gambe piegate, le braccia lungo il corpo, la retroversione del bacino e gli addominali contratti.

2 Inspirando, allungare le braccia parallele portandole sopra la testa ed, espirando, distendere le gambe unite. Tendere il più possibile e contemporaneamente nelle direzioni opposte le braccia e le gambe, concentrandosi sulle punte delle dita sia delle mani che dei piedi, fino ad avvertire una leggera tensione sugli addominali ma facendo in modo che l'allungamento rimanga comodo. Mantenere la posizione per almeno 30 secondi. Respirare profondamente e rilassarsi.

COSA NON FARE

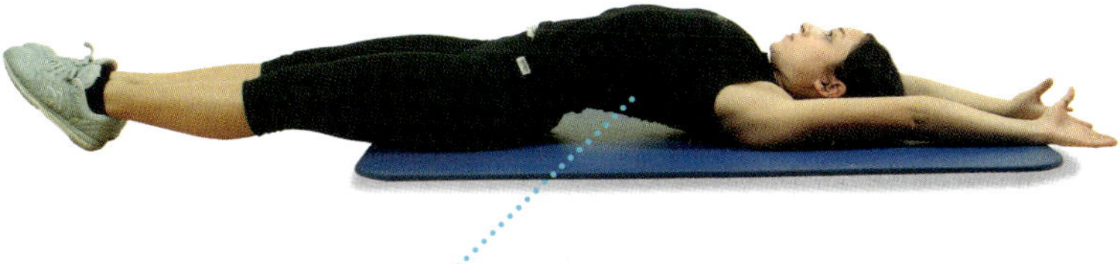

Attenzione a non inarcare la schiena; mantenere la zona lombare aderente al suolo contraendo gli addominali e retrovergendo il bacino.

96

- **Aree lavorate:** tutta la schiena
- **Muscoli usati:** erettore spinale

1 Sdraiati a terra, in posizione supina, gambe piegate, braccia lungo il corpo, retroversione del bacino, e addominali contratti.

2 Inspirando, allungare le braccia parallele sopra la testa ed, espirando, distendere le gambe unite.

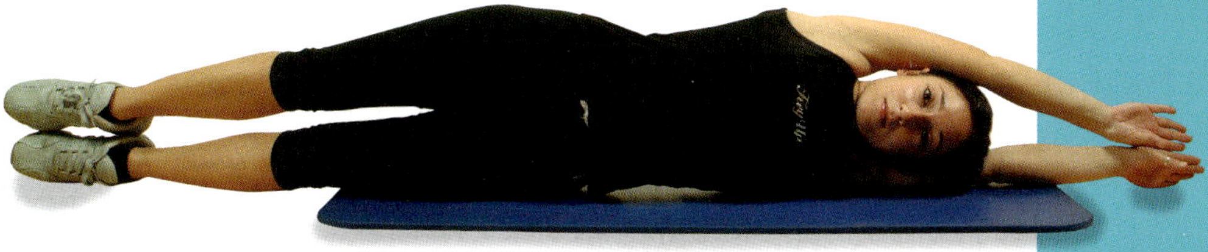

3 Inspirare ed, espirando, ruotare sul fianco sinistro mantenendo gambe e braccia distese. Tendere il più possibile nelle direzioni opposte le braccia e le gambe, concentrandosi sulle punte delle dita delle mani e dei piedi, fino ad avvertire una leggera tensione sugli addominali. Mantenere la retroversione del bacino. Rimanere in posizione per almeno 30 secondi. Respirare profondamente e rilassarsi. Inspirare ed, espirando, ritornare nella posizione di partenza. Ripetere l'esercizio sul fianco destro.

97

- **Aree lavorate:** parte bassa della schiena
- **Muscoli usati:** erettore spinale, estensore della gamba

1 Sdraiati a terra, in posizione supina, con le gambe distese, le braccia lungo il corpo. Retroversione del bacino, addominali contratti.

2 Inspirare ed, espirando, con le mani appoggiate sul ginocchio, flettere la gamba destra portandola verso il petto.

3 Inspirare ed, espirando, tirare la gamba al petto fino ad avvertire una leggera tensione al gluteo destro. Rimanere in posizione per almeno 30 secondi. Respirare profondamente e rilassarsi. Inspirare ed, espirando, ritornare nella posizione di partenza. Ripetere l'esercizio con la gamba sinistra.

98

▸ **Aree lavorate:** **parte bassa della schiena**
▸ **Muscoli usati:** **estensori del tronco, estensori delle cosce**

1 In piedi, con le braccia lungo il corpo, schiena dritta, gambe divaricate alla stessa larghezza del bacino, piedi paralleli.

2 Inspirare e, espirando, accovacciarsi, mantenendo i talloni a terra aiutandosi con le braccia appoggiate sulle ginocchia. Testa rilassata in avanti. Rimanere in posizione per 30 secondi. Respirare profondamente e rilassarsi. Inspirando ritornare nella posizione di partenza.

Questo esercizio è anche utile per la decompressione discale.

L'allungamento muscolare consente di lavorare su se stessi in piena armonia, contribuendo a far ritrovare il proprio equilibrio psicofisico.

99

- **Aree lavorate:** collo
- **Muscoli usati:** flessori del collo

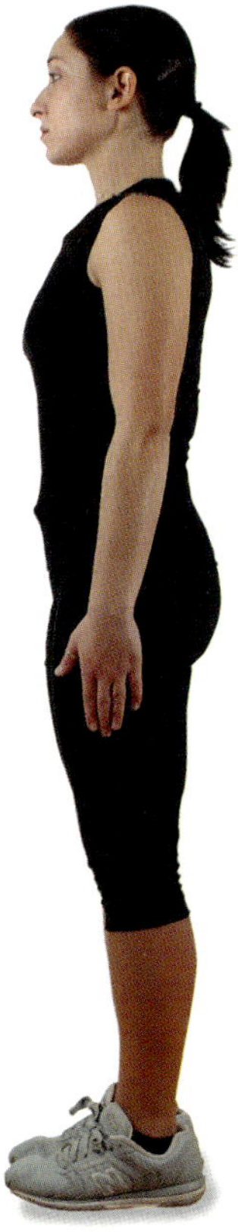

1 In piedi, con le gambe unite e le braccia lungo i fianchi.

Se il muscolo è abituato a lavorare in contrazione, perde la capacità di allungarsi, provocando danni funzionali evidenti. In particolare il body building (soprattutto se praticato ad alti livelli) rappresenta un'esasperazione di tale concetto: l'aumento della massa muscolare prevede infatti il mantenimento di una certa contrazione durante lo svolgimento di ogni esercizio, solitamente svolto senza pause.

2 Divaricare le gambe quanto l'ampiezza del bacino e piegarle leggermente. Inspirando, aprire le braccia portandole all'altezza delle spalle, con i palmi rivolti verso l'alto. Mantenere la retroversione del bacino, gli addominali contratti, il petto in fuori e la schiena dritta.

3 Inspirando, portare le mani sopra la testa ed, espirando, piegare la testa in avanti in direzione dello sterno, abbassando il mento, fino a sentire una tensione media sul collo. Inspirare ed, espirando, accentuare la trazione. La tensione nella zona cervicale deve essere comoda, ma decisamente avvertibile. Rimanere in posizione per 30 secondi. Respirare profondamente e rilassarsi. Inspirare ed, espirando, ritornare nella posizione di partenza.

zona cervicale

100

- **Aree lavorate:** collo
- **Muscoli usati:** flessori del collo

2 Allargare le gambe portandole alla stessa ampiezza del bacino. Inspirando, aprire le braccia portandole all'altezza delle spalle, con i palmi rivolti verso l'alto. Espirare.

1 In posizione eretta, gambe unite e braccia distese lungo i fianchi.

3 Inspirando, portare la mano destra alla tempia sinistra ed, espirando, flettere la testa verso la spalla destra. Spingere delicatamente con la mano, fino a raggiungere una leggera tensione dalla parte opposta del collo. Mantenere lo sguardo in avanti e le spalle rilassate. Inspirare ed, espirando, accentuare la trazione, facendo attenzione a non alzare la spalla destra. La tensione deve essere comoda ma decisamente avvertibile. Rimanere in posizione per 30 secondi. Respirare profondamente e rilassarsi. Inspirare ed, espirando, ritornare nella posizione di partenza. Svolgere l'esercizio sull'altro lato.

I programmi personalizzati

PROGRAMMI PERSONALIZZATI: ISTRUZIONI PER L'USO

Prima di intraprendere una qualsiasi attività sportiva, è consigliabile mettere a punto un buon programma di allenamento da praticare due o tre volte alla settimana. Questo dovrà comprendere un'attività fisica mirata e costante, esercizi specifici di stretching, coordinazione, potenziamento e rilassamento. Saranno necessari esercizi per le gambe, l'addome, la schiena, le braccia e le spalle. Bisogna sempre ricordare che gli esercizi di riscaldamento permettono a corpo, scheletro e muscoli di passare senza traumi dalla passività all'attività e che gli esercizi per i muscoli addominali, tanto faticosi e noiosi, aiutano a mantenere la corretta posizione della schiena. Gli esercizi possono essere praticati a casa, necessariamente davanti a uno specchio che permetta di controllare se i movimenti e le posizioni vengono effettuati correttamente.

PROGRAMMA 1 ADOLESCENZA

L'adolescenza è un periodo molto delicato dell'evoluzione della persona. I cambiamenti, sia a livello fisico che psichico, iniziano intorno ai 12-13 anni per i maschi e i 10-12 per le femmine e proseguono fino a circa i 16 anni per i maschi e ai 14 per le femmine. Nella scelta di un'attività sportiva in queste fasce di età è necessario tenere conto dei diversi problemi che possono presentarsi:

- disarmonia della struttura e del movimento, legata essenzialmente all'assenza di coordinazione tra sviluppo staturale e capacità muscolare;
- sviluppo dell'apparato muscolare non proporzionato a quello, notevole, scheletrico;
- alla notevole crescita delle ossa degli arti superiori e inferiori, si contrappongono delle strutture articolari ancora in via di sviluppo;
- l'impegno fisico vede gli apparati cardiocircolatorio e respiratorio non ancora adeguati alla risposta;
- posture scorrette e alterazioni possono presentarsi con frequenza;
- instabilità psicologica, con frequenti variazioni di umore, scarsa disponibilità, insofferenza a giudizi sul proprio operato e nei confronti delle regole familiari e sociali; specialmente il giudizio del gruppo di appartenenza può influenzare notevolmente la propria autostima e, di conseguenza, la maggiore o minore fiducia in se stessi.

La capacità di prestazione sportiva è sviluppata da stimoli che vanno dosati in modo da ottenere un preciso effetto allenante. Lo sviluppo, il con-

Esercizi di riferimento

1 ⇔ 25
74 ⇔ 96

solidamento e il mantenimento dello stato di condizione atletica, dipende dal carico di allenamento, che, nella metodologia sportiva, è definito carico esterno. Ogni tipo di carico esterno provoca una precisa reazione nell'organismo che tende a sfruttare, in maniera proporzionale alla richiesta, un particolare sistema organico (muscolare, cardiaco, respiratorio, ecc.). Tale tipo di lavoro organico, è definito carico interno. Conoscere le relazioni tra la struttura del carico esterno e il carattere del

LA PRATICA

I limiti indicati in 60% della massima capacità aerobica protratti per non più di 20 minuti effettivi di lavoro possono corrispondere, per l'allenamento in palestra con pesi, a 3500-4000 kg di carico complessivo.
Tale carico va distribuito in 4-6 tipologie di esercizi (ognuno dei quali con un adeguato numero di serie e di ripetizioni), quando il programma d'allenamento è indirizzato a ragazzi/ragazze dai 13 ai 15 anni, mentre si può arrivare agli 8000 kg di carico complessivo, distribuiti in 6-8 esercizi, per soggetti di 17-18 anni.
In ambedue i casi, il carico deve coinvolgere il più ampio numero di gruppi muscolari e deve essere raggiunto attraverso un congruo numero di ripetizioni. Questi valori non sono assoluti, poiché, non è l'età anagrafica che bisogna considerare, ma il grado di maturazione fisica del soggetto. Quest'ultima può essere determinata considerando la comparsa di precise caratteristiche somatiche, o valutata dall'occhio esperto dell'allenatore.

carico interno è uno degli elementi più importanti della programmazione dell'allenamento, specialmente se è indirizzato a soggetti in età evolutiva. I carichi d'allenamento, per esempio, che producono nell'organismo dei mutamenti funzionali, biochimici e morfologici, possono influire sulla produzione di alcuni ormoni deputati alla regolazione dell'accrescimento somatico.

Se l'attività fisica è esplicata da soggetti giovani, l'aumento di produzione di alcuni ormoni (tra i più importanti ricordiamo gli androgeni e il somatotropo) dovrebbe indurre una stimolazione dell'accrescimento staturale. Si potrebbe anche ipotizzare che, specie negli sforzi intensi, tutte le attività dell'ormone somatotropo siano indirizzate verso le azioni metaboliche e di conseguenza si produca una mancanza di stimolazione dell'accrescimento.

L'iperproduzione di androgeni, invece, si verifica sia nei giovani sia negli adulti e nei due sessi, ma non per qualsiasi grado d'attività muscolare; infatti, è dimostrabile che soltanto dopo sforzi d'intensità massimale (specie se a livello agonistico) si raggiunge il massimo incremento, normalmente, dopo circa 20 minuti d'esercizio. L'incremento degli androgeni, sotto sforzo, avrebbe la finalità di aumentare la sintesi proteica, lo sviluppo muscolare, la sintesi e l'utilizzazione del glicogeno muscolare, che costituisce il maggior substrato energetico utilizzato, e infine indurrebbe una condizione d'aggressività che porta a favorire il massimo della prestazione negli impegni agonistici. È evidente che una modesta ipersecrezione androgena, nei soggetti in età prepuberale (11-12 anni per le femmine e 13-14 anni per i maschi) e puberale (13-14 anni per le femmine e 15-

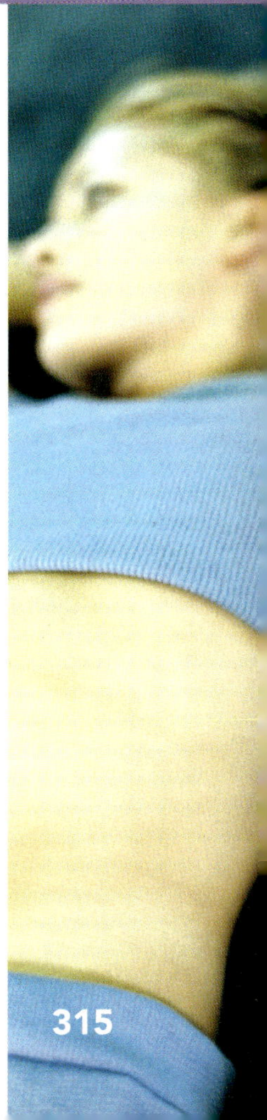

18 anni per i maschi), può originare effetti positivi sull'accrescimento staturale definitivo sia per l'azione stimolante sulle cartilagini di coniugazione, sia per l'azione permissiva nei confronti dell'ormone somatotropo. Viceversa, in presenza di un'eccessiva iperproduzione androgena, si può indurre una precoce saldatura delle cartilagini d'accrescimento per azione prevalentemente maturativa esercitata sulle stesse, attraverso il raggiungimento della statura definitiva, inferiore a quella che uno stesso soggetto avrebbe raggiunto senza l'intervento di questo fattore.
Altri effetti negativi sull'accrescimento somatico, in particolare staturale, potrebbero derivare dall'intenso lavoro muscolare accompagnato da forti stati di tensione emotiva (come può verificarsi in situazione agonistica), oppure raggiungendo un livello d'intensità d'esercizio superiore al 50-60% della massima potenza aerobica di un individuo e prolungata nel tempo per oltre venti minuti.
Possono essere presi in considerazione anche gli esercizi dei livelli intermedio e avanzato, sulla base dei risultati ottenuti dalle prove di misurazione dell'allenamento di partenza.

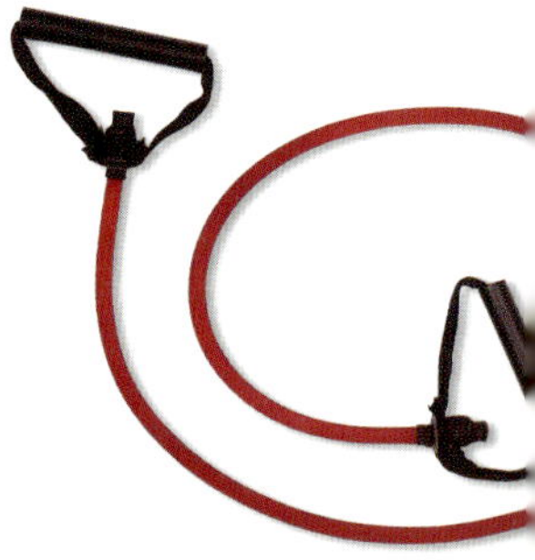

PROGRAMMA 2 ▶ MENOPAUSA

Esercizi di riferimento

1 ⇔ 8

20 ⇔ 25

74 ⇔ 96

Le donne hanno da sempre una maggiore tendenza a diventare obese rispetto agli uomini per via di momenti che costituiscono veri e propri "fattori di rischio", come le variazioni ormonali e metaboliche legate al menarca, ai disturbi mestruali, alle gravidanze e alla menopausa; ed è soprattutto dopo la menopausa che molte si accorgono di un incremento ponderale più o meno importante, difficilmente contrastabile, nonostante le immutate abitudini di vita (alimentazione, attività fisica). L'incremento patologico del tessuto adiposo in queste pazienti avviene perdendo la distribuzione tipicamente femminile (glutei, fianchi e cosce) a favore di una localizzazione prevalentemente "centrale" tipica dell'uomo (addome e visceri interni) che non comporta solo problemi estetici, ma, soprattutto, un maggior rischio per diabete, dislipidemie, malattie cardiovascolari (ipertensione arteriosa e infarto), tumori all'utero e alla mammella.
La ricerca scientifica ha identificato come fattore determinante la carenza estrogenica legata alla cessazione della funzione ovarica, che porterebbe a variazioni del metabolismo energetico e dell'attività biologica delle cellule adipose. Ricercatori americani ed europei hanno valutato se una terapia estrogenica sostitutiva intrapresa precocemente potesse avere un effetto protettivo. I risultati sono stati molto incoraggianti perché hanno evidenziato che le pazienti normopeso in trattamento mantengono anche dopo anni il proprio peso ideale se non intervengono modificazioni ali-

mentari o dello stile di vita. Un recente studio della Washington University ha anche aperto nuove frontiere terapeutiche, dimostrando come, in donne che hanno seguito un programma dietetico ipocalorico e di esercizio fisico controllato, la terapia estrogenica sostitutiva aiuta a mantenere nel tempo il peso raggiunto.

I benefici della terapia estrogenica sostitutiva in menopausa sono numerosi:

- determina la scomparsa delle caldane, dell'insonnia, dell'irritabilità, della depressione;
- migliora la memoria e previene il morbo di Alzheimer;
- previene le malattie cardiovascolari (particolarmente l'ipertensione e l'infarto), l'osteoporosi post-menopausale e i disturbi genito-urinari legati all'età;
- contribuisce a mantenere un aspetto più giovanile (effetti positivi su cute, capelli e distribuzione del tessuto adiposo). È bene, quindi, controllare il proprio peso prima della menopausa (quando le diete ipocaloriche sono anche più efficaci), mantenendolo il più possibile prossimo a quello ideale; successivamente potrà aiutare la terapia estrogenica, insieme a una corretta alimentazione e a un'adeguata attività fisica.

PROGRAMMA 3 ▶ TERZA ETÀ

I ricercatori di tutto il mondo hanno sempre sostenuto l'importanza dell'esercizio fisico a qualsiasi età. In particolare, le persone in età avanzata che praticano regolarmente esercizio fisico, bruciano un maggior numero di calorie a riposo rispetto ai loro coetanei sedentari, riducendo così i rischi legati al sovrappeso.
Un recente studio effettuato presso l'Università del Colorado dimostra come gli anziani attivi che riducono l'attività fisica subiscono severe cadute nel loro metabolismo a riposo in meno di una settimana. E questo succede anche quando riducono in conseguenza il loro introito di calorie. I ricercatori affermano che un tale rallentamento metabolico può porre le basi per l'aumento di peso e problemi correlati, come malattie cardiovascolari e diabete. Lo studio ha preso in esame donne e uomini di età compresa tra i 62 e i 67 anni usualmente attive. Il loro esercizio fisico è stato ridotto per l'equivalente di 400 calorie al giorno e così pure il loro apporto calorico. Persino così, il loro metabolismo a riposo è precipitato da una media di 1248 calorie il primo giorno fino a 1155 calorie al quinto giorno. Ne consegue che le persone anziane che smettono di praticare attività fisica dovrebbero continuamente restringere il loro apporto calorico per mantenere il peso forma. Questo però, non sarebbe salutare, in quanto potrebbe limitare l'apporto raccomandato di vitamine e nutrienti. Conclusione: per mantenersi in forma bisogna praticare regolare, moderato esercizio fisico anche in tarda età.

Esercizi di riferimento

74 ⇔ 96

kg
st

PROGRAMMA 4 PERDERE PESO

L'obesità consiste in grasso o adipe in eccesso, accumulatosi nel corpo. È noto che nelle persone obese è alterato il funzionamento di tutto l'organismo, con il serio rischio di arteriosclerosi, malattie cardiovascolari e diabete. Inoltre, i soggetti affetti vanno incontro a problemi respiratori, ipertensione, ictus, nefropatie, insufficienze epatiche, danni osteo-articolari, turbe psicologiche. La causa principale è senz'altro l'alimentazione eccessiva. Spesso a indurre tale comportamento sono fattori differenti:

- **sociali:** l'obesità è senz'altro più riscontrabile e radicata nelle classi meno colte e meno abbienti;
- **endocrini:** spesso l'obesità porta a disfunzioni metaboliche, ripercuotendosi anche a livello ormonale;
- **psicologici:** spesso i disturbi dell'emotività portano all'iperalimentazione;
- **genetici:** l'ereditarietà è comunque un dato accertato da molto tempo;
- **legati allo sviluppo:** la sovralimentazione durante il periodo della preadolescenza può provocare un aumento delle cellule adipose, creando, le condizioni di partenza perché l'obesità possa svilupparsi.

L'obesità può dipendere da diversi fattori:

- aumento delle dimensioni delle cellule adipose, che ingrandendosi rimangono comunque immutate numericamente (obesità ipertrofica);

Esercizi di riferimento

1 ⇔ 8
20 ⇔ 25
26 ⇔ 33
49 ⇔ 53
54 ⇔ 61

- aumentato numero delle cellule adipose (obesità iperplastica);
- aumento sia volumetrico che numerico delle cellule adipose (obesità ipertrofica-iperplastica);

▸ se all'iperalimentazione è associata una scarsa o nulla attività fisica, il minore consumo di energia causa un aumento del grasso corporeo.

I rimedi al problema sono due: ridurre l'apporto calorico facendo una selezione dei cibi e aumentare il consumo di energia incrementando l'attività fisica di tipo aerobico, cioè di bassa intensità e lunga durata (camminata, jogging). Per ridurre le calorie assunte, la via migliore è una dieta ipocalorica: non ridurre, quindi, solamente la quantità di cibo, ma fare soprattutto una selezione degli alimenti, dando la preferenza a quelli sani e a basso contenuto calorico, variando il più possibile la dieta.

FALSE CREDENZE SUL DIMAGRIMENTO

Indossare panciere di gomma o tute di plastica aiuta a dimagrire. ➔ FALSO: perdereste solo acqua che recuperereste subito dopo e in più sottoporreste il vostro organismo a uno stress termico pericoloso, costringendolo a un superlavoro!

Basta la dieta per dimagrire. ➔ VERO E FALSO: si può dimagrire solo con una dieta, ma è anche vero che i risultati sono più duraturi e migliori se abbinata ad allenamento.

Solo l'attività di resistenza aiuta a dimagrire. ➔ VERO E FALSO: è vero che l'attività di tipo aerobico è quella più efficace e mirata per consumare i grassi, ma è anche vero che un'attività di tonificazione con sovraccarichi alza il metabolismo e migliora tutti i risultati.

PROGRAMMA 5 TONIFICARE LE PARTI RILASSATE

La tonificazione è un'attività svolta con l'ausilio di piccoli sovraccarichi (pesetti, elastici, cavigliere, body bar, ecc.) che, inseriti nella pratica di esercizi isotonici e anaerobici, permettono di raggiungere più velocemente un buon tono muscolare generale o distrettuale, con esercizi praticati a terra, in piedi o con l'ausilio dello step (vedi la parte relativa nella sezione *La palestra in casa*).
Un'adeguata tonicità muscolare conferisce un miglior aspetto estetico e migliora il metabolismo. La forma di allenamento suggerita è quella ciclica, ovvero basata su una sequenza di esercizi che sollecitano i gruppi muscolari principali. Gli esercizi consistono nel sollevare pesi attaccati a manubri o bilancieri, oppure utilizzare dispositivi con pulegge e rinvii azionati da gruppi muscolari specifici. L'esecuzione corretta degli esercizi parte dal concetto di movimento concentrato sul muscolo interessato mantenendo grande attenzione all'esecuzione del movimento: concentrazione mente-muscolo.

Esercizi di riferimento

1 ⇔ 25
26 ⇔ 39
42 ⇔ 53
54 ⇔ 73

PROGRAMMA 6

POTENZIARE LA MUSCOLATURA

La forza sviluppata da un muscolo umano oscilla tra 16 e 30 Newton/cmq di sezione del muscolo stesso, indipendentemente dal sesso. Ne deriva che la forza massima sviluppata aumenta con l'aumentare della massa muscolare e quindi della sua sezione. Le differenze in forza massima tra maschi e femmine rispecchiano la maggior massa muscolare nei maschi. Le tre forme di allenamento che realizzano l'aumento della forza massima sono:

- **sollevamento pesi di entità progressivamente maggiore** – è la forma di allenamento più semplice e antica. Si misura la massima forza sviluppata e si imposta l'allenamento con una serie di ripetizioni di sollevamento di un peso corrispondente al 60-80 % del massimo peso sollevabile. Per chi è all'inizio di questa forma di allenamento, si consiglia di eseguire 12-15 ripetizioni; nel caso in cui l'esercizio sia troppo impegnativo, occorre ridurre il peso; se, invece, le ripetizioni risultano troppo facili, occorre aumentarlo. Di settimana in settimana è necessario aumentare i pesi per mantenere l'effetto allenante. L'entità dell'aumento della forza massima è variabile e dipende dall'assiduità e dal tempo totale dedicato all'allenamento;
- **allenamento isometrico** – proposta intorno agli anni Cinquanta, questa forma di allenamento consiste nel contrarre massimalmente un muscolo senza che questo possa accorciarsi (isometrico significa "a lunghezza costante"). Se si cerca di sollevare un tavolo, per esempio, ma il

Esercizi di riferimento

26 ⇔ 37

39 ⇔ 41

49 ⇔ 53

54 ⇔ 73

suo peso è largamente superiore alla forza massima esercitata dai muscoli, questi, pur contraendosi massimalmente, non si accorciano; si accorcerebbero se fossero in grado di sollevare il tavolo. Questa forma di allenamento è diventata molto popolare perché non ha bisogno di palestre o attrezzi, chiunque può praticarla al lavoro o a casa (per esempio: seduti, afferrare lateralmente i bordi della sedia e tirare verso l'alto). La popolarità di questa forma di allenamento è decaduta poiché i miglioramenti ottenuti sono molto specifici: l'aumento di forza, infatti, si riscontra solo nella precisa posizione in cui il muscolo viene mantenuto durante l'allenamento;

- **allenamento isocinetico** – questa forma di allenamento si realizza mediante strumentazioni che consentono di sviluppare forza massimale nel corso di un movimento a velocità costante (isocinetico significa "a velocità costante"). Il vantaggio è che il muscolo esercita sempre la massima forza, indipendentemente dall'angolo dell'articolazione su cui lavora; inoltre, i risultati sono precisamente quantizzabili, elemento utile e necessario nel caso della riabilitazione di atleti infortunati.

La sospensione dell'allenamento di forza porta a una relativamente rapida scomparsa degli adattamenti funzionali da questo indotti, poiché gli effetti dell'allenamento coinvolgono esclusivamente il muscolo. È una differenza sostanziale rispetto agli adattamenti funzionali indotti da un allenamento aerobico che, invece, coinvolge principalmente le fibre muscolari rosse (o lente); le modificazioni funzionali non coinvolgono solo i muscoli, ma anche molti altri apparati (cardiovascolare, respiratorio, endocrino) e, di conseguenza, gli effetti dell'allenamento aerobico sono molto più duraturi nel tempo.

PROGRAMMA 7 ELASTICIZZARE LO SCHELETRO

Lo stretching è la tecnica migliore per elasticizzare il corpo; contribuisce a evitare o ridurre la rigidità delle articolazioni e può essere consigliato anche a chi non ha mai praticato attività sportiva o conduce una vita sedentaria. Gli esercizi di stretching svolti al mattino trovano i muscoli più distesi perché ancora liberi dalle tensioni della giornata; nelle ore serali contribuiscono a rilassare la mente, ripristinando lo stato di benessere del riposo.

Effetti positivi

▸ **Breve termine.** Grazie allo stretching pre-allenamento o pre-gara, si è riscontrata una diminuzione dei traumi muscolari e tendinei legamentosi acuti. La flessibilità potenzia altre qualità, quali forza, velocità e resistenza.

▸ **Medio termine**. Nello sportivo permette la maggiore apertura all'apprendimento di elementi tecnici nuovi, poiché possono essere riprodotti senza compiere errori dovuti alle limitazioni funzionali. A livello terapeutico, un apparato muscolo-tendineo legamentoso caratterizzato da una buona estensibilità necessita di tempi ridotti per il raggiungimento degli obiettivi della cura. Si riscontra un effetto positivo sulla circolazione sanguigna: nei muscoli rigidi il sangue ha difficoltà ad arrivare ai capillari; a lungo andare il muscolo non perfettamente irrorato tende a irrigidirsi ulteriormente. Inoltre, nel muscolo regolarmente allungato il sangue, scorrendo senza difficoltà, favorisce lo smaltimento delle scorie del metabolismo cellulare e apporta tutto il nutrimento necessario.

Esercizi di riferimento

74 ⇔ 96

▸ **Effetti a lungo termine.** Può dare benessere fisico e mentale a chi studia o svolge un lavoro sedentario, combattendo la rigidità delle articolazioni e la conseguente insorgenza di dolori. Gli esercizi per schiena, spalle, collo e tronco favoriscono una migliore respirazione. Lo stretching per tutto il corpo migliora la circolazione sanguigna e linfatica. La mobilità contribuisce ad accrescere la sensazione di benessere: leggerezza ed energia del corpo.

DECALOGO DELLO STRETCHING

1. Mantenere una trazione costante senza molleggi per 10/30 secondi;
2. non andare mai oltre la soglia del dolore;
3. effettuare una fase di riscaldamento generale prima dello stretching;
4. mettersi in condizioni di lavoro favorevoli prima di iniziare (abbigliamento comodo, ambiente non rumoroso, suolo non freddo);
5. concentrarsi;
6. non confrontarsi con gli altri;
7. inizialmente esercitarsi a carico naturale;
8. alternare l'estensione dei muscoli agonisti con quelli antagonisti;
9. seguire un programma di allenamento preparato da personale qualificato;
10. per impegno fisico superiore allo standard della vita quotidiana, sottoporsi a un controllo medico prima di iniziare.

PROGRAMMA 8 ADDOMINALI

I muscoli addominali formano la parete che, anteriormente, racchiude la cavità splancnica. La loro funzione principale, oltre al contenimento delle pelvi, è quella di intervenire nell'espirazione, nella stabilizzazione della colonna vertebrale in stazione eretta e nell'espletamento di alcune funzioni fisiologiche (tra le quali, per esempio, il parto). Da un punto di vista puramente estetico, invece, contribuiscono a modellare il "giro vita".

L'allenamento della muscolatura addominale riveste un ruolo particolarmente importante, non certo per un fatto puramente estetico, ma perché tale muscolatura permette un miglioramento generalizzato del funzionamento dell'organismo. I principali esercizi eseguiti per la tonificazione e il potenziamento della muscolatura addominale prevedono che il bacino si avvicini al torace. Tale azione può essere effettuata, per esempio, dalla posizione di decubito supino (distesi con le spalle a terra) sollevando il tronco, oppure sollevando gli arti inferiori. Quando questi esercizi vengono effettuati mantenendo gli arti tesi, non è raro che si possa avvertire un certo fastidio, localizzato nella regione lombare della schiena.

L'insorgenza di un tale risentimento è dovuta principalmente al fatto che in questo movimento interviene, oltre ai muscoli costituenti la parete addominale (retto dell'addome, obliqui interno ed esterno), anche un particolare muscolo poliarticolare che collega la colonna vertebrale al femore: l'ileopsoas.

Esercizi di riferimento

20 ⇔ 25

38

49 ⇔ 53

71 ⇔ 73

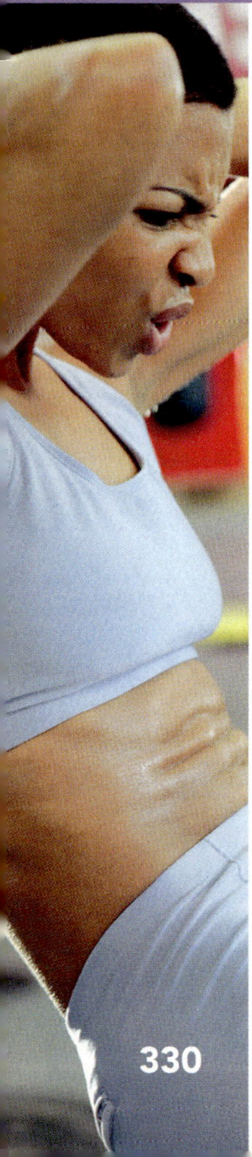

▸ **Consiglio pratico –** Per evitare questa forma di fastidiosa lombalgia, è estremamente utile escludere l'intervento dell'ileopsoas quando si vogliono tonificare o potenziare i muscoli addominali. Per far ciò è sufficiente iniziare l'esercizio piegando gli arti inferiori. Questo atteggiamento a raccolta non interferisce sul lavoro degli addominali, in quanto questi ultimi non hanno alcuna inserzione sugli arti inferiori. Viceversa, l'esclusione del muscolo ileopsoas rende ancora più selettivo ed efficace il lavoro per la muscolatura della parete addominale.

E ADESSO... UN PO' DI SINCERITÀ

1. Avvertite una sensazione di difficoltà e pesantezza quando state effettuando un movimento quotidiano molto semplice (per esempio infilarvi le scarpe, oppure alzare un peso da terra), sensazione concentrata sulla parte inferiore del busto e dell'addome?
2. Avvertite talora dolori nella parte posteriore del busto (per esempio, sulla schiena)?
3. Se stringete la pelle della pancia fra pollice e indice superate i 2 cm?
4. Quando arriva l'estate vi sentite a disagio in costume da bagno?
5. Dopo aver mangiato avete l'addome gonfio e una spiacevole sensazione di pesantezza?
6. Se vi capita di dover fare una corsa per prendere l'autobus sentite che la zona addominale vi "pesa"?

Se avete risposto affermativamente a più di una delle domande, allora la vostra struttura addominale potrebbe presentare qualche problema. È importante cominciare a porvi rimedio, in modo da ritrovare in fretta un corretto equilibrio.

PROGRAMMA 9 ▶ CELLULITE

La cellulite è un diffusissimo problema che colpisce un gran numero di donne, le giovani come le mature, le grasse come le magre. Spesso presenta un carattere familiare e compare generalmente dopo la pubertà, con accentuazione e recrudescenza durante la gravidanza e la menopausa. Interessa principalmente cosce, glutei, ginocchia, caviglie; più raramente, addome e arti superiori. Come e perché si manifesta la cellulite? Innanzitutto, bisogna precisare che il termine cellulite, nonostante il suffisso "ite", che designa solitamente le infiammazioni, non è un'infiammazione. Può essere piuttosto definita un'alterazione non infiammatoria del tessuto cellulare sottocutaneo. La causa di questa alterazione va ricercata a livello cellulare, nel processo di scambio tra gli adipociti e il resto dell'organismo, che avviene grazie alla rete capillare che circonda le cellule dell'ipoderma. Grazie a questa sottilissima parete di capillari e cellule è possibile lo scambio di scorie e anidride carbonica con nutrienti e ossigeno; bastano, però, lievi squilibri per rallentare tale scambio e compromettere l'intero processo. Il primo stadio della cellulite ha la sua origine proprio in questi micro-squilibri: le cellule e i capillari, infatti, per compensare la ridotta disponibilità di ossigeno, possono reagire aumentando in modo abnorme la permeabilità della propria membrana, che diventa così più sottile e più fragile. A causa di piccolissimi traumi, questa si può rompere, provocando la fuoriuscita di grasso che va a infiltrarsi in aree sempre più estese del lobulo adiposo, dando origine al fenomeno della cellulite. A questo punto, per risanare la situazione, bisognerebbe intervenire

Esercizi di riferimento

1 ⇔ 8
26 ⇔ 33
54 ⇔ 61

in modo da favorire il riassorbimento del grasso: ciò sarebbe possibile eliminando le cause che hanno provocato il rallentamento del flusso sanguigno. Se questo non avviene, l'organismo reagisce isolando le zone in cui è stata alterata la struttura delle cellule dei lobuli, dando origine al secondo stadio della cellulite. In questa fase avviene la produzione di nuove fibre di collagene che hanno il compito di incapsulare le zone colpite. Il terzo stadio è caratterizzato dalla formazione di noduli che diventano sempre più grandi e dolenti al tatto e, nei casi più gravi, si può raggiungere addirittura il quarto stadio, con un peggioramento di questi sintomi, aggravati da segni di insufficienza circolatoria (che risultano accentuati in caso di sovrappeso). Come combattere tale problema? Innanzitutto, è bene rivolgersi a un medico, che farà un'accurata anamnesi e prescriverà opportuni esami del sangue; questo servirà a individuare precisamente dove è avvenuta l'alterazione dell'equilibrio cellulare. Solo così il nutrizionista potrà consigliare un regime alimentare mirato. Possono comunque essere consigliate alcune regole generali da seguire: in linea di massima, una dieta anticellulite deve essere leggermente ipocalorica. Deve inoltre risultare varia e ben equilibrata nei suoi nutrienti. Alcuni accorgimenti che possono essere seguiti sono:

- suddividere l'alimentazione giornaliera in 4-5 pasti;
- consumare più verdure, che saziano e sono poco caloriche;
- optare per cotture semplici (vapore, griglia);
- evitare di salare molto;
- consumare frutta ricca di vitamina C e sostanze antiossidanti;
- bere molta acqua non gassata, che aiuta a eliminare attraverso le urine i liquidi trattenuti dai tessuti;

- evitare cibi molto salati, salumi, formaggi grassi e fermentati, fritti, scatolame, bevande dolcificate, succhi di frutta con sciroppo, alcolici, cioccolato, caffè, tè forte;
- non fumare;
- svolgere attività fisica (camminare, nuotare, fare ginnastica).

CONOSCI IL NEMICO!

Aspetto della pelle: si distingue l'aspetto a "buccia d'arancia" tipico delle forme iniziali da quello a "materasso", con zone gonfie e tumide, alternate ad altre depresse e retratte, tipico delle forme avanzate.

Dolore: il dolore alla palpazione è un indicatore importante; quando è spontaneo la cellulite si avvia verso forme avanzate, fibrose e sclerotiche.

Consistenza cutanea: negli stadi iniziali aumenta la pastosità della pelle. Il dito lascia l'impronta alla pressione in corrispondenza delle zone di infiltrazione edematosa. Negli stadi avanzati e sclerotici la pelle si indurisce.

Noduli: assenti nella fase iniziale, sono presenti invece in quella avanzata e apprezzabili alla palpazione e alla plicatura della pelle.

Presenza di placche: si formano all'inizio dello stadio avanzato. Si rilevano al tatto come discontinuità massicce, dure e compatte sfiorando l'area interessata.

Presenza di liquidi: le fasi iniziali presentano una discreta presenza di liquidi, che diventano abbondanti appena prima dell'esito sclerotico e della comparsa dei macronoduli, quando invece si riducono.

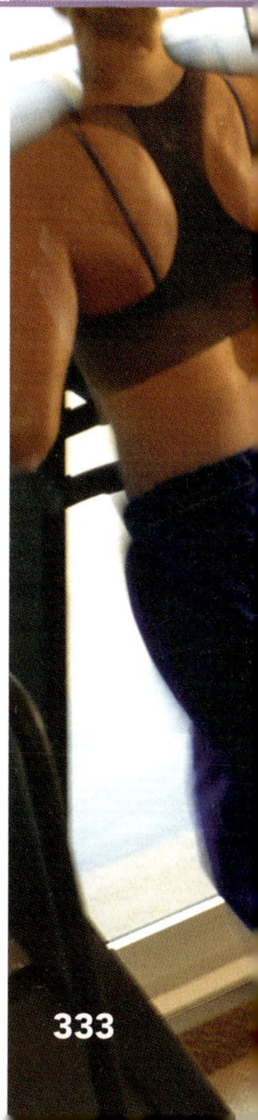

PROGRAMMA 10 ▶ GLUTEI E COSCE

Prima di iniziare attenzione al portamento. Sia che si tratti di spalle ruotate o di lordosi lombo sacrale, per le persone con una postura sbagliata è più difficile mettere in evidenza il sedere. Importante lavorare sull'apparato di sostegno affinché la postura del bacino e della spina dorsale sia corretta. Infatti, chi rafforza i muscoli delle spalle sta anche più dritto in piedi.

Aumentare il volume

Per far sviluppare il fondo schiena c'è solo un metodo: far lavorare i grandi e i medi glutei con esercizi sulla forza, utilizzando carichi medio-alti. La sequenza indicata deve essere effettuata almeno 2 volte alla settimana.

▶ **Squat.** Utilizzare un bilanciere pari al 40% circa del peso corporeo. Poggiare il bilanciere sulle spalle, tenere il busto eretto con la colonna in leggera lordosi, il bacino leggermente indietro e lo sguardo in avanti; scendere senza caricare le ginocchia, mantenendo il busto eretto. Se, durante la discesa, si tende a sbilanciarsi in avanti, sollevare i talloni (magari con un libro); chi ha invece una buona mobilità della caviglia e una postura corretta, può anche fare a meno degli spessori. 4 serie da 12-15 ripetizioni. Aumentare i pesi col passare delle settimane.

▶ **Affondi in avanti.** Utilizzare il bilanciere oppure i manubri con un peso massimo per lato di 3 kg. Con braccia naturalmente distese, tenere il manubrio o il bilanciere. Gambe tese divaricate avanti dietro, piegare la gamba posteriore fino a creare un angolo di 90°. L'esercizio è sconsigliato

Esercizi di riferimento

1 ⇔ 8

26 ⇔ 33

54 ⇔ 61

a chi ha gravi problemi alle ginocchia. 3 serie da 12-15 ripetizioni per ogni gamba. Aumentare il carico col passare delle settimane.

Tonificare

Dopo aver lavorato sul volume, è bene lavorare sulla tonificazione di medi e piccoli glutei. Da eseguire per almeno 2 volte alla settimana, questa sequenza di esercizi si può effettuare a corpo libero oppure con dei pesi alle caviglie.

▸ **Alzate laterali.** Appoggiarsi al muro, alzare lateralmente il più possibile una gamba senza slanciarla; mantenendo una posizione eretta (ci si può aiutare lavorando davanti ad uno specchio), contrarre gli addominali per evitare di curvare la colonna in zona lombare. 3 serie da 15-20 ripetizioni per ogni gamba.

▸ **Alzate alte posteriori.** Appoggiarsi al muro. Spingere la gamba indietro (piede a martello) portandola il più in alto possibile e mantenere la posizione per 2 o 3 secondi, poi riabbassarla lentamente. 3 serie da 15-20 ripetizioni per ogni gamba.

▸ **Gambe e glutei verso l'alto.** Supini a terra, braccia distese lungo i fianchi e mani rivolte verso il basso, alzare una gamba perpendicolare al corpo e spingerla verso l'alto sollevando i glutei, senza però inarcare la zona lombare e tenendo gli addominali contratti. Riscendere dolcemente sfiorando il suolo e ripetere subito la spinta. 3 serie da 15-20 ripetizioni per ogni gamba.

▸ **Spinte della gamba indietro.** Carponi, con la fronte appoggiata sulle mani per distendere la zona cervicale, sguardo rivolto verso le gambe

per controllare l'esatta esecuzione dell'esercizio. Sollevare una gamba e tenderla il più in alto possibile senza slancio. Riscendere lentamente. 3 serie da 15-20 ripetizioni per ogni gamba.

▸ **Lavoro laterale.** Distendersi su un fianco e assumere una posizione comoda: la gamba aderente al terreno è piegata a 90° rispetto al busto e blocca in parte il bacino. Una mano regge il capo e l'altra è poggiata per terra davanti al corpo per aiutare a mantenere l'equilibrio. Sollevare la gamba esterna seguendo l'asse del busto, con il piede rivolto leggermente verso il basso. 3 serie da 15-20 ripetizioni per ogni gamba.

▸ **La forbice.** Posizione prona con un asciugamano piegato sotto il bacino e il mento appoggiato sulle mani. Sollevare leggermente le gambe (appena divaricate) contraendo al massimo i glutei e cercare di spingere le gambe all'indietro più che verso l'alto, senza inarcare la schiena. Mantenere la posizione per qualche secondo. 2 serie da 10-12 ripetizioni.

Stretching

- Seduti, incrociare una gamba sull'altra e ruotare il busto dal lato della gamba accavallata. Poi cambiare lato.
- Seduti, schiena dritta, avvicinare le piante dei piedi piegando le gambe.
- Supini, una gamba piegata appoggiata a terra, con l'altra portare il ginocchio al petto e spingerlo verso questo. Poi cambiare gamba.

PROGRAMMA 11 CERVICALE E MAL DI SCHIENA

Le vertebre cervicali sono in tutto sette. Presentano una curvatura verso avanti (lordosi) e hanno come caratteristica principale una notevole mobilità in tutti i sensi (flessione in tutti i sensi e rotazione). Sono quelle che subiscono maggiormente i carichi statici e dinamici del capo. Malgrado una vertebra sia strutturata in modo tale da sopportare pressioni anche dell'ordine di 1000 kg, una percentuale altissima di persone accusa periodicamente stati dolorosi localizzati nelle regioni posteriori del busto. In assenza di situazioni patologiche stabilizzate il dolore cervicale, dorsale e lombare è causato principalmente da:

- posture errate protratte per lungo tempo (attività professionale, guida auto, televisione, lettura, ecc.); l'eccesso di peso corporeo può contribuire all'insorgenza del dolore a causa del carico ulteriore sulle vertebre e sulle articolazioni;
- rigidità o scarso tono della muscolatura inserita sulla colonna vertebrale; la prima può essere dovuta anche allo stress psichico che fa assumere atteggiamenti contratti a varie regioni del corpo; la seconda dipende essenzialmente dal sedentarismo e, quindi, dalla perdita di forza muscolare.

Le posizioni fisse dovrebbero essere fisiologicamente corrette e interrotte di frequente, almeno ogni ora, assumendo posizioni di rilassamento del tratto cervicale e dorsale ed eseguendo possibilmente semplici esercizi di mobilità articolare e allungamento muscolare.

Esercizi di riferimento

49 ⇔ 53

89 ⇔ 96

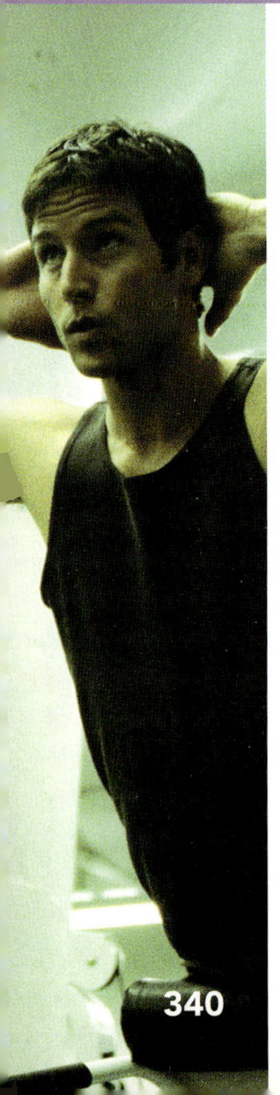

Nei casi in cui la curva è molto accentuata rispetto a quella fisiologica, una ginnastica mirata al rafforzamento dei muscoli che tendono a ruotare il bacino in retroversione (addominali ed estensori delle cosce sul bacino) e, quindi, attenuare la curvatura lombare, può dare notevoli risultati.
Se la curva risulta meno accentuata rispetto a quella fisiologica, esiste un indebolimento dei muscoli lombari e il dolore compare soprattutto in posizione di flessione del busto in avanti e nella posizione seduta. In questo caso gli esercizi di ginnastica dovranno rafforzare la muscolatura posteriore dell'addome e i muscoli della coscia che tendono a portare il bacino in antiversione (flessori della coscia).
Nella posizione eretta tenuta per lungo tempo è consigliabile usare un piccolo rialzo di 20-30 cm posto sotto un piede, alternando periodicamente la posizione con l'altro. Questo permette di attenuare la lordosi lombare e scaricare il peso del corpo sui dischi vertebrali in maniera più uniforme. Le donne dovrebbero preferibilmente evitare calzature con tacchi superiori ai 3 cm. Infatti i tacchi alti spostano in avanti il baricentro del corpo obbligando a una compensazione che comporta un inarcamento della colonna lombare. Nel sollevamento da terra di un peso vanno evitate posizioni che vedono il busto inclinato o inarcato e gli arti inferiori distesi, pena un carico lombare notevole. Per effettuare un corretto sollevamento ci si deve avvicinare al peso quanto più possibile, piegare le gambe e, mantenendo il busto esteso e quanto più perpendicolare al terreno, afferrare il peso e, tenendolo aderente al corpo, portarlo in alto utilizzando la forza degli arti inferiori che si estendono. Durante tutto il movimento, i piedi devono rimanere ben poggiati a terra, evitando inoltre movimenti di torsione del bu-

sto. Se l'oggetto è pesante non andrebbe portato oltre l'altezza del bacino. Nello spostamento di un oggetto di grandi dimensioni (per esempio: frigorifero, lavatrice, mobili, ecc.) si dovrebbe spingere posti con la parte posteriore del busto in appoggio totale (dorso e lombi) sull'oggetto, utilizzando la sola forza di estensione degli arti inferiori. Anche nel trasporto di bagagli è preferibile portare simmetricamente due valigie o borse, una a destra e una a sinistra, in modo che il carico risulti distribuito uniformemente. Trasportare un bagaglio con una sola mano sollecita fortemente la muscolatura paravertebrale del lato opposto e la curva vertebrale di compenso crea dei carichi ulteriori sulle vertebre. Durante il riposo a letto va evitata la posizione prona (a pancia in sotto); la migliore è quella di fianco, con le gambe leggermente flesse. La rete deve essere sufficientemente rigida e nel contempo flessibile; il materasso non deve essere né troppo duro né troppo morbido, e armonizzarsi in un tutt'uno con la rete. Il cuscino deve avere una consistenza adeguata e rispettare le caratteristiche antropometriche di chi lo usa, specialmente la larghezza delle spalle (per chi dorme di fianco) e la forma e le dimensioni della testa e del collo (per chi dorme supino). Un cuscino troppo alto o anche troppo basso, per chi dorme in decubito laterale, può essere facilmente causa di dolori alle vertebre cervicali e alla testa. Quando si sale o si scende dal letto evitare movimenti di torsione tra busto e arti inferiori; adagiarsi di fianco e muovere il corpo mantenendolo sempre allineato sullo stesso piano. La conformazione del sedile dell'automobile ha una rilevanza particolare nel favorire o meno l'insorgenza di dolori specialmente lombari. Lo schienale dovrebbe essere posizionato in maniera tale che il busto risulti leggermente oltre la verticale e avere una conformazione avvolgente nella parte alta in modo da impedire gli spostamenti in curva. Il sedile dovrebbe essere sufficientemente alto e duro e avere una inclinazione, rispetto al piano orizzontale, di 15°. Come prevenzione può risultare utile un supporto lombare di circa 5 cm, che mantiene la curvatura fisiologica del tratto lombare come nella posizione eretta, diminuendo il carico vertebrale. Entrando e uscendo dall'auto, il busto e gli arti inferiori dovrebbero muoversi sempre sullo stesso piano, evitando movimenti rapidi di torsione; lo stesso va fatto nel riporre o prendere oggetti posti nel sedile posteriore.

Alcuni esercizi di decompressione discale

Esercizio 1

Accovacciarsi, le braccia intorno alle ginocchia e la testa rilassata in basso. Spingersi leggermente in avanti e poi lasciarsi rotolare sulla schiena.

Esercizio 2

Eseguire i punti 1 e 2 dell'esercizio precedente. Mantenere le mani sulle ginocchia ed, espirando, tirarle al petto; inspirando, allontanarle, così da massaggiare la zona lombare.

Esercizio 3

Con il supporto di una barra isometrica o una spalliera, mettere la colonna in trazione mantenendo i piedi ben appoggiati a terra e le ginocchia piegate a 90°, come da seduti.

PROGRAMMA 12 ▶ IN FORMA DOPO IL PARTO

Nella vita di ogni donna la gravidanza comporta un grosso rischio di ingrassare. Ecco quali sono i fattori che portano a un significativo aumento di peso dopo la gravidanza.

▸ **Si aumenta molto di peso nei primi mesi della gravidanza.** Il grasso accumulato nel primo trimestre, infatti, contribuisce in maniera minima alla crescita di peso del bambino e viene semplicemente immagazzinato dalla mamma. È giusto non mettersi a dieta durante la gravidanza, o cercare di perdere peso, ma nel primo trimestre è bene controllarsi e mangiare moderatamente. Se si verifica un notevole aumento di peso durante il primo trimestre, si consiglia di rivedere le proprie abitudini alimentari. Nel secondo e terzo trimestre, infatti, si raccomanda un incremento di sole 300 Kcal rispetto a quelle necessarie all'alimentazione della mamma.

▸ **Si aumenta di peso più di quello che raccomanda il proprio medico.** Più si aumenta di peso durante la gravidanza, più se ne manterrà in seguito.

▸ **Si è incapaci di ritornare al peso pre-gravidanza.** La maternità può in effetti rendere difficoltoso tornare alle precedenti abitudini alimentari. È anche possibile che, per alcune donne, i cambiamenti ormonali della gravidanza siano la causa di modelli alimentari che rendono difficili da controllare cibi e calorie anche dopo che il bambino è nato.

▸ **Si hanno più figli con brevi intervallo di tempo tra l'uno e l'altro.** Quando si hanno parti a distanza di meno di due anni, le donne possono non avere il tempo di riacquistare la loro costituzione pre-gravidanza.

Esercizi di riferimento

1 ⇔ 8

13

20 ⇔ 25

74 ⇔ 82

Hanno più grassi corporei che tessuti magri, fattore che può rallentare il metabolismo, predisponendo all'aumento di peso.

▸ **Si allatta per meno di sei mesi.** L'allattamento per sei mesi e più aiuta a ridurre i depositi di grasso.

▸ **Si appare più arrabbiate e litigiose che contente.** Esiste una correlazione tra le donne che hanno avuto un significativo aumento di peso e la loro visione negativa della vita. Queste donne, infatti, pur non essendo clinicamente depresse, possono avere sperimentato un globale cambiamento della qualità della vita, e possono aver usato il cibo (piacere sempre accessibile) come un fonte di gratificazione.

Cosa fare? Prestare attenzione ai punti sopra citati può aiutare a evitare uno spiacevole aumento ponderale post-gravidanza. Se, dopo sei settimane che il bimbo è nato, il peso è ancora superiore a quello che raccomanda il proprio medico, è bene impegnarsi per perdere peso il più presto possibile. Il grasso accumulato con l'ultima gravidanza dovrebbe andarsene entro un anno. È sempre consigliabile rivolgersi a un dietologo o a un nutrizionista, anche se si sta ancora allattando. Se, invece, si desidera prevenire e ostacolare il rischio di ingrassare si consiglia di:

▸ **tornare al lavoro dopo il parto** – sembra che rientrare subito al lavoro acceleri la perdita di peso dopo il parto, forse questo accade perché in questo modo risulta più facile tornare alle abitudini alimentari pre-gravidanza;

▸ **fare esercizio fisico durante la gravidanza** – si hanno così meno probabilità di trattenere peso eccessivo, probabilità che aumentano se si continua l'attività fisica anche dopo il parto.

PROGRAMMA 13 POSTURA CORRETTA

La colonna vertebrale (rachide) ha il duplice compito di sostenere tronco e testa, e fungere da cerniera per gli arti. La sua estrema mobilità permette ampie escursioni di movimento. Sul piano frontale si presenta rettilineo, mentre su quello sagittale (profilo) comprende tre curve fisiologiche. Purtroppo la colonna vertebrale può essere affetta da diverse alterazioni dovute a cause diverse. Un corretto allenamento con i sovraccarichi può costituire un metodo di cura e soprattutto di prevenzione.
Le curve del rachide assumono un ruolo funzionale fondamentale in quanto riducono il carico dovuto alla forza di gravità; queste sono:

- a livello cervicale (lordosi fisiologica cervicale);
- a livello dorsale (cifosi fisiologica dorsale);
- a livello lombare (lordosi fisiologica lombare).

Alterazioni ai valori delle curve possono provocare:

- **paramorfismo**, un'alterazione della forma della colonna e dell'atteggiamento del corpo, ma "non irreversibile"; con le dovute attenzioni, è possibile correggere gli atteggiamenti di paramorfismo avvalendosi di attività mirata con i pesi;
- **dismorfismo,** un'alterazione della forma della colonna e dell'atteggiamento del corpo con modificazioni ossee strutturali; non subisce mutazioni di rilievo anche se si cambia la posizione.

I paramorfismi più comuni sono l'ipercifosi e l'iperlordosi, quando cioè le curve fisiologiche hanno un valore maggiore di quello normale; di

Esercizi di riferimento

10 ⇔ 13
15 ⇔ 16
20 ⇔ 25
35 ⇔ 37
39 ⇔ 43
63 ⇔ 66
68
71 ⇔ 73
82 ⇔ 85
89 ⇔ 96

altro tipo sono invece dorso piatto, cifosi lombare, ecc. (quando si ha un appiattimento delle curve). Si parla di ipercifosi quando l'angolo della cifosi dorsale si accentua. È una delle situazioni più comuni che può avere cause psicologiche, posturali, educative e soprattutto legate alla professione (sedentarietà e assunzione di posizioni scorrette in ufficio).

Gli esercizi possibili sono le trazioni al pulley con gomiti alti, le alzate a 90° con manubri, le scrollate con bilanciere o manubri. Contrariamente, sarà necessario allungare e detensionare il gran pettorale, il gran dorsale, il gran rotondo e il sottoscapolare, tutti quei muscoli che possono di conseguenza accentuare la cifosi. Gli esercizi consigliati sono le croci su panca piana e le trazioni al lat machine con impugnatura inversa stretta o con l'utilizzo del triangolo. Per esempio, l'esecuzione per le croci sarà la seguente: dalla posizione di partenza estendere in apertura le braccia sino a realizzare il massimo allungamento, eseguire quindi la contrazione senza però tornare pienamente nella posizione di partenza; ripetere sino a esaurimento delle ripetizioni.

L'iperlordosi è invece una patologia più delicata e molto più frequente nel sesso femminile, a causa della diversa conformazione ossea e delle abitudini culturali (per esempio tacchi alti). Si è in presenza di iperlordosi là dove la curva lordotica lombare è accentuata. Per correggere tale patologia, sarà necessario lavorare in accorciamento sui muscoli che diminuiscono la lordosi (tutti quelli, cioè, che realizzano il movimento di retroversione del bacino) e viceversa in allungamento sugli altri. Parte posteriore della coscia (ischiocrurali), addominali e glutei andranno potenziati tramite esercizi come il leg-curl e leg-press, crunch a gambe tese, calcio dell'asino e tutti quei movimenti alla glutes machine. Viceversa, lombari, ileopsoas, parte anteriore della coscia (retto femorale) andranno allungati e detensionati tramite esercizi di stretching specifici.

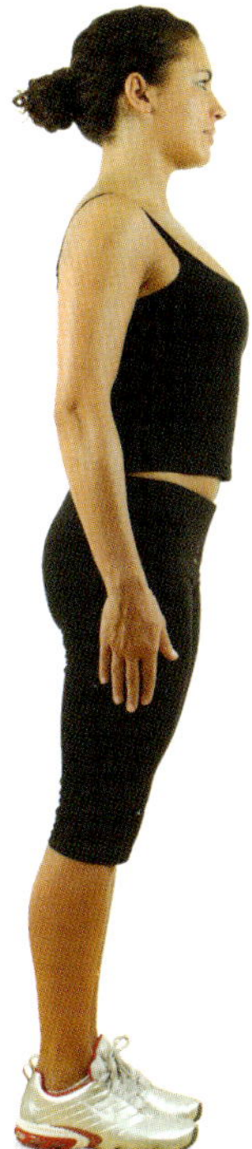

Consigli utili

- Un carico esterno molto elevato, posizionato o sollevato in maniera corretta, comporta pressioni vertebrali notevolmente inferiori rispetto a un carico esterno molto basso posizionato o sollevato in modo non corretto.
- Anche alcune semplici posizioni o movimenti effettuati con il solo carico naturale possono comportare delle notevoli pressioni sui dischi intervertebrali.
- Il mantenimento delle normali curve fisiologiche, in qualsiasi attività o posizione del corpo sotto carico, è la migliore garanzia per una corretta distribuzione e assorbimento delle pressioni sulla colonna vertebrale.
- I muscoli addominali ben tonificati e un diaframma efficiente permettono di scaricare fino a circa il 40% della pressione gravante sui dischi lombari.
- L'attività fisica intensa e le posture fisse assunte per lungo tempo sovraccaricano e mantengono compressi i dischi intervertebrali.
- Al termine dell'allenamento vanno ridotti quegli esercizi di "defaticamento", anche se eseguiti in maniera blanda, che imitano gli esercizi che hanno portato al sovraccarico e alla compressione articolare (per esempio: defaticamento in barca dopo allenamento di canottaggio, leggera corsa dopo allenamento di fondo, ecc.).

PROGRAMMA 14 ▶ MUOVERSI STANDO IN UFFICIO

Chi svolge un lavoro sedentario può tendere ad acquisire posture scorrette; inoltre, il mantenimento di posizioni statiche per molte ore può provocare rigidità delle articolazioni e conseguente insorgenza di dolori. Per ovviare a questi incovenienti e impedire che si cronicizzino, è bene concedersi una pausa di qualche minuto ogni ora e fare dei semplici movimenti come quelli descritti di seguito:

- seduti alla scrivania, premete le mani contro il bordo, con massima energia;
- sempre alla scrivania, palmo e avambraccio appoggiati contro la superficie di lavoro, spingete con forza verso il basso e mantenete lo sforzo. Appoggiate le mani sotto la scrivania, con il gomito flesso a 90° e procedete come per l'esercizio precedente. Rinforzerete i bicipiti;
- al telefono, impugnate e tenete stretta la cornetta, rilasciandola;
- appoggiate le spalle a una parete e premete come se voleste spingerla all'indietro.

Infine, è bene ricordare che gli esercizi per schiena, spalle, collo e tronco favoriscono una migliore respirazione, lo stretching per tutto il corpo dà benefici alla circolazione sanguigna e linfatica, e contribuisce ad accrescere la sensazione di benessere: leggerezza ed energia del corpo.

Esercizi di riferimento

34

38

74

79 ⇔ 80

82 ⇔ 88

91

95 ⇔ 96

le discipline del fitness

UNA SCELTA PONDERATA

GAG, kardio kombat, spinning, box, aerobox, kickboxing, stretching, funky, step, aerostep, danza jazz, afro, barre au sol, pilates... Sono solo alcune delle sigle che oggi animano il mondo del fitness in Italia. L'offerta è sempre più ampia e frantumata, le discipline si incrociano fra loro (l'aerobica con lo step, con il funky e con il boxing; la danza moderna con i balli afro-caraibici), le importazioni di marca californiana si mescolano alle atmosfere orientali e new age (metti un pizzico di potenziamento muscolare con un po' di stretching e un non so che di hatha yoga e nasce il pilates).

ACQUAFITNESS

Negli ultimi anni si è sempre di più diffusa la convinzione che l'acqua può rappresentare un'interessante alternativa alla pratica del fitness in palestra. L'acqua è, come l'aria, un fluido, ma rispetto a quest'ultima è ben più densa. Questa caratteristica dona all'acqua alcune proprietà fisiche che rendono l'esercizio fisico che si svolge in piscina del tutto peculiare, così da giustificare la diffusione di una pratica conosciuta come acquafitness, le cui forme più note sono:

- acquagym;
- acquaerobica;
- acquastep;
- acquabuilding;
- acquadance;
- acquakickboxing;
- acquaspinning o hidrospin.

Tra queste attività, l'ultima, l'hidrospin, prevede l'impiego di una bicicletta, posta sul fondo della piscina. A differenza dello spinning tradizionale non è possibile aumentare o diminuire la frenata; il fatto tuttavia che l'hidrospin venga eseguito nell'acqua permette un massaggio continuo e una pedalata che incontra una certa resistenza.

Tra le proprietà fisiche dell'acqua, cui si è fatto riferimento, emerge, prima fra tutte, la capacità di sostenere il peso del corpo che viene a trovarsi quasi in uno stato d'assenza di gravità. Ciò consente di evitare il sovraccarico sulle articolazioni, e traumi e microtraumi a livello osteo-muscolare che sono possibili negli esercizi dove c'è uno spostamento verticale del baricentro (corsa, salti...). Immergendosi nell'acqua è come se si diventasse progressivamente più leggeri man mano che si aumenta la parte del corpo immersa. Naturalmente si parla di ginnastica in acqua con profondità di almeno 80 cm e più la profondità è elevata, più si possono sfruttare le altre proprietà dell'acqua. L'acqua è un fluido più denso dell'aria, caratteristica che è sfruttata nell'acquafitness, non solo per ridurre il peso corporeo, ma anche per graduare l'intensità del carico; la resistenza al movimento, infatti, è di circa 12 volte superiore rispetto a quella dell'aria.

Capacità di sostenimento dell'acqua	
parte del corpo immersa in acqua	peso del corpo rispetto al reale
tutto	3%
fino alle spalle	20%
fino al petto	33%
fino all'ombelico	50%
fino al polpaccio	95%

AEROBICA

L'aerobica è un'attività a frequenze cardiache mirate che permettono diverse intensità di allenamento. L'esecuzione di movimenti continui e intensi permette di scaricare le tensioni, le ansie, coinvolgendo tutti i sistemi organici, grazie anche alla musica, elemento centrale e caratterizzante. La lezione di aerobica, a seconda della tecnica impiegata si può classificare in *low impact*, *high impact*, una combinazione delle due (*high-low impact*) o nella sua evoluzione, l'*interval circuit training*.

▸ **Basso Impatto (low impact).** La lezione a basso impatto è definita così perché prevede che un piede sia costantemente in appoggio al suolo durante l'esecuzione dei passi base. In questo modo l'approccio all'aerobica è in completa sicurezza; infatti si evita di saltare e si riduce, quindi, lo stress muscolo-tendineo, in particolare sulle articolazioni della caviglia, del ginocchio e della colonna vertebrale, soprattutto sulla zona lombare.
La lezione a basso impatto si rivolge a un utenza ben precisa:

- principianti;
- soggetti appartenenti alla terza età;
- soggetti obesi;
- donne in gravidanza;
- tutti coloro che non possono sollecitare eccessivamente le strutture articolari per traumi o infortuni.

▸ **Alto impatto (high impact).** La lezione ad alto impatto è quella che per anni è stata l'immagine dell'aerobica, vale a dire saltellare per un tempo minimo di 20 minuti fino alla soglia massima di consumo d'ossigeno. Nella tecnica moderna l'aerobica *high impact* è stata modificata in combi o aerobica combinata, ovvero mix tra basso e alto impatto. Quest'evoluzione è scaturita dal fatto che nell'esecuzione del saltello il dispendio energetico e il carico di lavoro non è uguale per tutti; ciò può determinare il superamento della zona allenante dopo pochi minuti e l'accumulo di acido lattico nei muscoli, con conseguente sensazione di fatica muscolare, e diminuzione e arresto della contrazione muscolare stessa.

▶ **Aerobica combinata (high-low impact).** La lezione combinata è la più utilizzata nei corsi di aerobica perché unisce in modo fluido e dinamico i passi dell'alto e del basso impatto. Alternare movimenti di diverso impatto al suolo riduce gli stress a carico delle articolazioni del piede e permette di coordinare meglio l'uso degli arti superiori e i movimenti del corpo nello spazio.

▶ **Interval circuit training.** È un'evoluzione della lezione combinata; vi si alternano moduli di lavoro con dei tempi ben stabiliti secondo i canoni dell'*interval training* tipico dell'atletica leggera. I moduli sono di 3 minuti con recupero attivo di 1 minuto, o variandolo fino a 3 minuti (3:1 oppure 3:3). Nei moduli vengono usati movimenti di alto impatto e basso impatto, o inseriti esercizi di condizionamento muscolare per il recupero attivo. L'obiettivo di alternare l'alto impatto con recupero in basso impatto è quello di sollecitare la soglia anaerobica a una sopportazione più alta di lattato, mentre utilizzando il condizionamento muscolare come recupero attivo si dà modo alle cellule muscolari di assicurarsi sempre una buona quota di ossigeno per il metabolismo cellulare.

Costo energetico

Dividendo in ciascuna classe gli uomini dalle donne, si osserva che fra gli esperti i primi spendono mediamente 535 Kcal e le seconde 405 Kcal. In realtà tale differenza risente del diverso peso corporeo; se si tiene conto di questo, i valori corretti (8,15 Kcal/Kg per uomo e 6,83 Kcal/Kg per donna) risultano assai più vicini anche se ancora significativamente differenti.
I costi energetici di un corso principianti sono chiaramente inferiori. Una lezione di aerobica ad alto impatto "costa", infatti, 524 Kcal a un uomo e 335 Kcal a una donna. Anche in questo caso il rapporto con il peso corporeo riduce le differenze tra i sessi (6,24 Kcal/Kg per gli uomini e 5,31 Kcal/Kg per le donne), ma non quelle con gli esperti, a dimostrazione che il differente impegno posto nella lezione tra due gruppi è reale. La divisione tra uomini e donne in questo gruppo permane anche se si considera il tempo reale di lavoro, risultando gli uomini, comunque, più "dispendiosi". Ciò sta a significare che fra i principianti l'aerobica "costa" di più agli uomini che alle donne. Non si è in grado di sapere, allo stato attuale, se questo dipende dal fatto che gli uomini sono meno coordinati, oppure dal fatto che si impegnano di più.

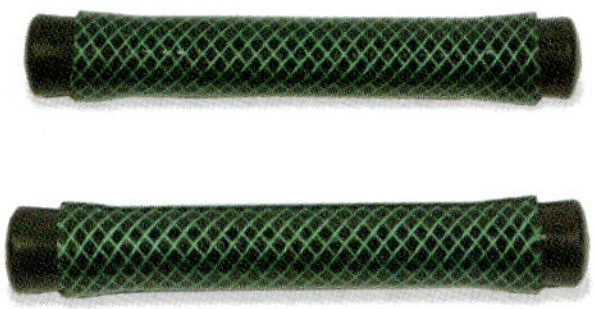

FITBOXE

Il successo di questa nuova tecnica sta nell'intreccio di tre elementi fondamentali: l'aerobica, le arti marziali e i sacchi a base mobile. Calci, pugni, ginocchiate, gomitate in un coinvolgente crescendo musicale che trasforma le tecniche di combattimento in una danza sfrenata.
Questa disciplina consente di scaricare in maniera positiva l'aggressività accumulata nella vita di tutti i giorni; il risultato è un mix di benessere e apprendimento: mantenersi in forma imparando, perché no, a difendersi. I gruppi muscolari stimolati da questa disciplina sono undici: addominali, glutei, interno ed esterno cosce, esteriori del tronco, pettorali, bicipite, tricipite, dorsali, spalle e gambe. L'obiettivo della fitboxe, sport praticabile a ogni età, è proprio quello di migliorare la forma fisica attraverso un allenamento aerobico la cui durata può oscillare dai 30 ai 60 minuti. La lezione di fitboxe normalmente è articolata in cinque fasi:

- riscaldamento;
- stretching;
- *cardio work-out* (corpo libero, circuito e *interval training*);
- potenziamento muscolare;
- *relaxercise fitness* (tecniche di rilassamento).

Perché scegliere la fitboxe? Aiuta a dimagrire, potenzia il sistema cardiocircolatorio, rassoda e modella il corpo, rilassa, scaricando le tensioni, è divertente e consente un buon apprendimento. Andrebbe praticata dalle 2 alle 4 volte alla settimana.

FITWALKING

È una pratica sportiva riscoperta di recente negli Stati Uniti ed è alla base di tutto il fitness, ma soprattutto viene valorizzata per le sue potenzialità contro lo stress. Il fitwalking, dal punto di vista tecnico, è un perfezionamento del movimento naturale della camminata: *to walk* significa appunto "camminare". È un gesto spontaneo e naturale che tutti siamo in grado di compiere, ma che tendiamo a svolgere sempre meno. Per iniziare a praticare il fitwalking non c'è bisogno di una preparazione particolare, non ci sono rischi e controindicazioni. Questi i benefici anti-stress del fitwalking:

- migliora il tono dell'umore perché il nostro corpo libera endorfine e serotonine, sostanze capaci di contrastare l'ansia e la depressione;
- riarmonizza il battico cardiaco, che nei momenti di stress tende ad accelerare, causando ansie e paure;
- libera la mente, coniugando benessere fisico e psicologico;
- regolarizza il respiro, liberando dalla sensazione del "fiato corto";
- scarica le tensioni muscolari accumulate nei momenti di stress;
- protegge l'organismo da osteoporosi e artrosi: come uno sforzo moderato e costante, infatti, stimola la capacità delle ossa di assimilare il calcio e favorisce la produzione di sostanze come l'elastina e il collagene che formano le cartilagini;
- ristabilisce i valori della pressione, i livelli dei trigliceridi e del colesterolo, fa consumare i grassi.

Il programma base

▸ **Per le prime tre settimane, tre volte alla settimana:**
15 minuti di stretching;
camminata leggera e sciolta per 20 minuti;
10 minuti di stretching.

▸ **Quarta e quinta settimana:**
15 minuti di stretching di riscaldamento
camminata leggera e sciolta per 25 minuti (aumentare ogni volta successiva di 5 minuti fino ad arrivare a 50 minuti);
10 minuti di stretching defaticante.

UN UTILE ALLENAMENTO PER CHI FA KICK E THAI BOXING

Per un agonista di uno sport da combattimento, la fitboxe può essere utile in tre momenti della programmazione dell'allenamento:

1. riscaldamento, per renderlo più vario e divertente;

2. preparazione della resistenza aerobica, poiché si inducono modificazioni biologiche nei muscoli più direttamente interessati, si automatizzano le tecniche efficacemente, si provano le più svariate combinazioni in modo da espandere il proprio bagaglio tecnico ed essere più versatili e quindi più pronti ad affrontare situazioni inconsuete;

3. preparazione della resistenza lattacida, gli adattamenti che questo tipo di allenamento induce nel fisico dell'atleta sono molto specifici, utilizzando i muscoli impegnati in gara, ed è essenzialmente di tipo biochimico, permettendo una minore produzione di acido lattico e maggiore capacità dell'organismo a tamponarlo.

METODO FELDENKRAIS

È un metodo per l'apprendimento e l'auto-educazione attraverso il movimento e si rivolge alla globalità dell'individuo. È accessibile a tutti, senza distinzione di età e preparazione atletica. Prende nome dal suo ideatore Moshe Feldenkrais (1904-1984), russo-israeliano. Fisico, ingegnere, studioso del comportamento e del funzionamento dell'organismo umano, scoprì che i nostri schemi di movimento potevano essere modificati grazie alla stessa capacità, innata, che permette all'essere umano di imparare tutti i movimenti necessari alla vita. Non è una ginnastica, né una forma di terapia o di riabilitazione, e neppure un sistema psicologico o filosofico. È un sistema innovativo di lavoro su di sé che utilizza il movimento, il tocco e la conoscenza degli schemi motori. Il suo scopo quindi è quello di fornire strumenti di automiglioramento, per aumentare la qualità della propria vita. Il Metodo Feldenkrais mette in contatto le persone con le loro reali capacità e i loro obiettivi, attivando le profonde risorse naturali dell'organismo, e perciò può essere applicato in molti ambiti e contesti differenti. Sviluppatosi intorno agli anni Cinquanta, è conosciuto e diffuso in Europa, Stati Uniti, Canada, Australia, Israele, Corea, Giappone e Sud America. Il Metodo Feldenkrais può essere insegnato esclusivamente da insegnanti diplomati a seguito di una formazione quadriennale.

Benefici (miglioramento, incremento, ampliamento, facilitazione) di:

- efficienza, costanza, benessere e vitalità;
- orientamento nello spazio e nel tempo;

- percezione di sé (propriocezione);
- respirazione (più libera, più adattabile);
- sensibilità cinestetica;
- postura eretta (intesa come processo dinamico, rapportato all'azione);
- flessibilità (mobilità fisica, mentale e psicologica);
- consapevolezza e capacità di riconoscere la propria organizzazione motoria (ampliamento dell'autoimmagine);
- qualità del movimento (processi motori chiari e inequivocabili, eleganza, armonia e grazia dei movimenti);
- fiducia in se stessi, (auto-accettazione, rispetto degli altri, autonomia e responsabilità;
- capacità di apprendimento in tutti i campi (imparare a imparare);
- capacità di auto orientamento/auto-educazione (sapersi aiutare da soli);
- competenza d'azione/apertura di dimensioni di azione e di percezione finora inaccessibili;
- capacità di relazionarsi (riconoscimento e creazione di contesti interattivi dello schema corporeo);
- economia del movimento (collaborazione di singole parti del corpo, coordinazione, impiego di forza proporzionale all'azione progettata, rapporto con la forza di gravità, ecc.);
- riduzione/graduale eliminazione di sforzo e tensione superflui, dolori, amnesia sensomotoria;
- modificazione dell'atteggiamento verso l'apprendimento (da "io devo imparare" a "io posso imparare").

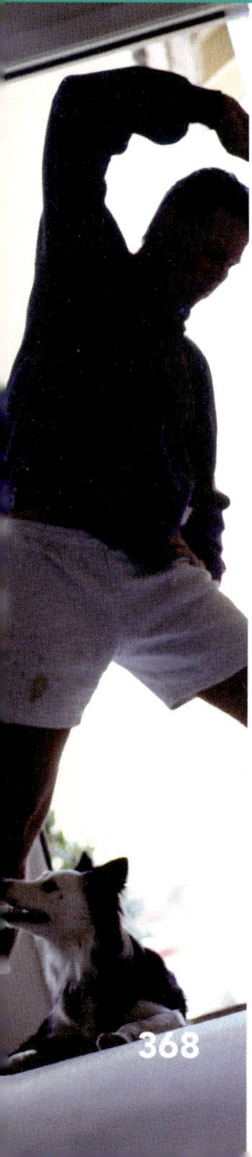

▸ Per chi è utile

- A persone di tutte le età e in qualsiasi condizione fisica, bambini, adulti, anziani e disabili che desiderano ampliare le loro risorse e migliorare il proprio modo di muoversi.
- A chi soffre di dolori o limitazioni nei movimenti delle varie parti del corpo.
- A coloro che per motivi professionali conducono un tipo di vita particolarmente stressante.
- A chi è costretto a lungo seduto, a chi usa un computer, a chi fa lavori pesanti o particolarmente ripetitivi, o in posizioni fisse e sbilanciate.
- A quanti lavorano per e sulla salute (medici, psicologi, terapisti).
- A chi desidera migliorare l'armonia dei propri gesti: agli artisti, come attori, danzatori, musicisti e cantanti.
- A chi pratica uno sport a qualsiasi livello e vuole, sia ottenere prestazioni più elevate, sia prevenire eventuali disturbi articolari e muscolari legati alla pratica sportiva.

UN PROVVIDO INCIDENTE

Rimasto vittima di un incidente a un ginocchio, e avendo saputo che un eventuale intervento chirurgico avrebbe sortito solo il 50% di possibilità di riuscita, Feldenkrais si dette allo studio di anatomia, chinesiologia e fisiologia. Tutte queste nozioni, sommatesi alle già possedute conoscenze di fisica, contribuirono alla messa a punto del metodo. Le osservazioni dello scienziato sull'ansia, sulla depressione, sull'importanza della diramazione vestibolare dell'ottavo nervo cranico sono, oggi, universalmente riconosciute e accettate.

METODO ALEXANDER

Dolori di schiena e cervicali, affaticamento, scarsa capacità di coordinazione, difficoltà respiratorie: sono situazioni comuni a moltissime persone. Alcuni arrivano addirittura a pensare che siano il prezzo inevitabile della loro vita. In realtà sono i lamenti di un corpo maltrattato che chiede solo di essere usato meglio. Ecco allora che ci adoperiamo per assumere posizioni "corrette", stare dritti, e così via. Cerchiamo di fare le cose nel modo che riteniamo "giusto", senza però accorgerci che in realtà ci muoviamo allo stesso modo di prima, ma con ulteriore tensione: la forza delle abitudini è così radicata da condizionare in termini decisivi l'esecuzione dei nostri movimenti. Il Metodo Alexander è molto di più che un altro sistema per alleviare le tensioni del nostro stile di vita causate dal lavoro o da abitudini scorrette, è un modo di "fare" e di "pensare" a tutto ciò che facciamo.

Consiste nell'imparare a non usare le parti del corpo che non sono necessarie per eseguire il movimento desiderato, scartando quei "gesti" superflui che vi abbiamo finora collegato, rilassando quindi l'atteggiamento mentale nei confronti del movimento, senza però afflosciarsi o perdere tono muscolare. Insegna come possiamo usare meglio il nostro corpo in tutte le attività, e ci aiuta a ritrovare la scioltezza e la coordinazione dei movimenti assieme a un portamento più libero ed elegante. Eliminando le tensioni inutili, questa disciplina ci permette, inoltre, di esercitare un dominio consapevole sulle reazioni istintive e sulle emozioni.

▸ **Le lezioni e i benefici.** Di solito il metodo si apprende con lezioni individuali, la cui durata varia dai 30 ai 40 minuti. Attraverso semplici azioni quali alzarsi e sedersi, camminare e sdraiarsi, l'insegnante guida l'allievo con le mani e con istruzioni verbali. In questo modo rende consapevole l'allievo di quel cumulo di tensione non necessaria per eseguire i movimenti, in modo da permettere ai meccanismi posturali di agire liberamente e in maniera più equilibrata. Lo studente può così riconoscere le sue particolari abitudini scorrette e porvi rimedio. Viene inoltre incoraggiato a esaminare il modo in cui reagisce agli stimoli esterni, per avere una scelta più ampia sul come rispondere agli stessi più consapevolmente e con minor sforzo. I significativi miglioramenti che il Metodo Alexander produce in tutte le percezioni sensoriali hanno un effetto positivo in una ampia gamma di modi di agire e abilità, inclusa la stessa capacità di apprendere. Per questo motivo è considerato tra i più validi complementi alle risorse dell'uomo in termini di autoconsapevolezza ed educazione dell'individuo. Persone di ogni età e di qualsiasi professione possono beneficiare del metodo. Artisti e sportivi di vario genere possono avere l'esigenza di perfezionare la propria coordinazione e ridurre l'affaticamento per migliorare le loro prestazioni. L'ente degli insegnanti qualificati è la STAT (*The Society of Teachers of the Alexander Technique*).

PILATES

Scopo principale di J.H. Pilates, creatore del metodo, era quello di rendere le persone consapevoli di se stesse, del proprio corpo e della propria mente, e condurle a unire corpo e mente in una singola, dinamica e ben funzionante entità. In un certo senso J.H. Pilates cercò di fondere i migliori aspetti delle discipline fisiche occidentali con quelli delle discipline spirituali orientali. Gli esercizi del metodo Pilates non presuppongono una ripetizione esasperata finalizzata a se stessa: con una logica sequenza, conducono la mente a cooperare con il corpo alla ricerca comune del controllo, della precisione e della fluidità dei movimenti, coordinati con una giusta respirazione. Per godere dei reali vantaggi di questo metodo è necessario familiarizzare con i sei principi base prima di affrontare gli esercizi proposti.

- **Concentration.** La concentrazione è importante affinché si possano eseguire correttamente gli esercizi richiesti; è necessario pertanto prestare molta attenzione a ogni singolo movimento, in quanto ogni parte del corpo ha importanza, e nulla deve essere trascurato o ignorato. La concentrazione richiesta non si esaurisce nel movimento, ma è estesa a tutti gli aspetti del proprio corpo. Si diventa così consapevoli della postura mantenuta durante l'esecuzione dell'esercizio.
- **Control.** Con la concentrazione si ottiene il totale controllo di ogni movimento. Nulla nel metodo Pilates è casuale. È necessario, quindi, non solo tenere sotto controllo il movimento relativo a un'articolazione, ma anche la posizione della testa, del collo, degli arti superiori, delle dita delle mani,

delle spalle, della schiena, del bacino, degli arti inferiori, dei piedi e perfino delle dita dei piedi. Muoversi senza controllo può portare a infortunarsi; il metodo Pilates insegna ad avere il pieno controllo del proprio corpo e a non essere esclusivamente al servizio di questo.

▸ **Centering.** Il baricentro è inteso come principio di stabilizzazione del bacino attraverso il lavoro sinergico della regione addominale con quella lombare. Un appropriato sviluppo del lavoro sul baricentro significa minor dispendio energetico e una ridotta incidenza di infortuni e di dolori lombari e dorsali.

▸ **Flowing Movement.** Nessun movimento deve essere eseguito in modo rigido e contratto, così come non deve risultare né troppo rapido né troppo lento. Nel movimento ci deve essere armonia, grazia e fluidità affiancata al controllo del movimento stesso. Secondo J.H. Pilates la fluidità dei movimenti deriva dalla forza del baricentro.

▸ **Precision.** La precisione è un altro aspetto fondamentale che deriva dal controllo. La mancanza di controllo nell'esecuzione degli esercizi porta inevitabilmente a una scorretta interpretazione ed esecuzione. La precisione dei movimenti determina il bilanciamento del tono muscolare che si traduce, nella vita di tutti i giorni, nella grazia e nell'economia dei movimenti.

▸ **Breathing.** Una fluida e completa inspirazione ed espirazione sono parte di ogni esercizio del metodo Pilates. La respirazione deve essere correttamente coordinata con i movimenti che si compiono, ed è per questo che ogni esercizio del metodo Pilates è accompagnato da istruzioni precise al riguardo.

STEP

Attività svolta a tempo di musica con l'ausilio di un gradino, da salire e scendere, alternando durante gli esercizi sovraccarichi con pesetti. È un allenamento aerobico, mirato alla tonificazione generale, con particolare attenzione al lavoro degli arti inferiori (vedi *Aerobica* in questo capitolo).

SPRING ENERGY

Evoluzione dello step, è costituito da una pedana elastica che, rispetto allo step, rende dinamico e creativo il suo impiego. Consente di lavorare in piena sicurezza grazie ai supporti in gomma antiscivolo.

Vantaggi

- Attutisce l'impatto del piede sulla base di appoggio, evitando microtraumi o patologie osteoarticolari croniche alle strutture articolari superiori (caviglia, ginocchio, anca e colonna vertebrale).
- Aiuta a mantenere la muscolatura lunga ed elastica (esercizi in contrazione eccentrica), evitando un esagerato aumento di volume (ipertrofia).
- Stimola la ricerca dell'equilibrio e la capacità di concentrazione.
- Produce un rilevante consumo calorico.
- Tonifica cosce e glutei in particolare.

Lo spring energy può essere praticato da tutti. Può essere un utile supporto nella preparazione atletica di discipline come l'atletica, lo snowboard, lo sci, la pallavolo e la pallacanestro.

SPINNING

Lo spinning o attività aerobica di gruppo su bicicletta stazionaria, *stationary bike*, è un allenamento aerobico importato in Europa nel 1995 dagli Stati Uniti. Nasce come preparazione in luoghi chiusi per il ciclismo su strada (*indoor cycling*) e ha avuto una sua evoluzione tecnica grazie al suo inventore Johnny G., un ciclista americano che ha creato un metodo d'allenamento. Il metodo ha integrato la tecnica di pedalata a varie velocità, la tecnica di concentrazione e coinvolgimento tipico del training autogeno con l'ausilio di scelte musicali appropriate. La lezione si svolge in gruppo, sotto la direzione di un istruttore che impartisce i ritmi di pedalata secondo la velocità della musica utilizzata. Si cerca di condurre il ciclista attraverso un viaggio virtuale in cui la concentrazione e il coinvolgimento portino la mente a superare la fatica fisica e ad aumentare così le proprie capacità organiche. È un viaggio immaginario nel quale vengono simulati vari tipi di percorso: pianura, collina e salita, o la combinazione degli stessi. Nella prima viene usata una resistenza moderata, incrementata fino ad arrivare a una resistenza massima nella salita. L'allievo impara a pedalare seduto, in pianura, poi in salita con più resistenza, e in seguito potrà pedalare alzandosi sui pedali nella pianura e poi alzandosi in salita. Dopo aver acquistato una certa abilità, imparerà il *jumping*, che si combina al *setting* e allo *standing*. Ogni lezione, della durata di un'ora circa, oltre a influire sul sistema cardiovascolare, consente di bruciare circa 600 kilocalorie. Con la larga diffusione di questa nuova tecnica d'allenamento aerobico sono nate delle varianti rispetto alla metodica iniziata da Jonhhy G.: infatti, alcuni insegnanti hanno introdotto l'uso degli arti superiori con movimenti di coordinazione o addirittura applicando dei piccoli carichi per aumentarne la resistenza allo sforzo.

L'attrezzo

La *stationary bike* utilizzata per lo spinning non è una semplice cyclette da casa o quelle con il display digitale per il lavoro aerobico, ma ha delle particolarità specifiche per la pratica della lezione:

- il telaio deve essere molto robusto e regolabile in modo da essere adattato a tutte le altezze e morfologie;
- deve resistere a un alto grado di sollecitazioni meccaniche e di usura al sudore;
- il manubrio deve consentire il corretto appoggio delle mani a tutte le andature e non deve dare luogo a vizi posturali durante i vari tipi di pedalata;
- il sistema di regolazione della resistenza deve essere micrometrico in modo tale da potersi adattare a ogni grado di personal fitness.

PRONTO SOCCORSO PER TRAUMI DA SPORT

Cerchiamo di scoprire ora i punti deboli degli sportivi. Lo sport, per quanto utile e importantissimo, può causare problemi alla muscolatura che in alcuni punti specifici può risentire dell'eccessivo esercizio fisico. Naturalmente, più l'allenamento è carente, più si presentano i rischi; però, attenzione: i pericoli aumentano ancora maggiormente se la fatica fisica non è ben equilibrata e diventa eccessiva. È quindi sempre necessario:

- evitare la fatica eccessiva e il superallenamento;
- attuare un periodo di pre-riscaldamento prima di iniziare l'attività agonistica vera e propria;
- in caso di incidente, attendere una completa guarigione e superare un periodo di allenamento prima di riprendere l'attività agonistica.

Gli infortuni più ricorrenti

▸ **Contusioni:** provocarsi contusioni è possibile sia da parte di chi fa sport, sia di chi placidamente se ne resta in casa. Le contusioni sono l'effetto di un trauma diretto senza lacerazione della cute; comprendono una gamma di lesioni che va dall'infiltrazione ematica del muscolo alla frammentazione e necrosi di alcuni fasci muscolari. Molto più rare sono le contusioni tendinee, per la facilità con cui il tendine sfugge all'agente traumatico. Si manifestano essenzialmente con dolore locale, difficoltà o impossibilità a contrarre il muscolo. La terapia immediata consiste nell'applicare impacchi freddi (ghiaccio) per alcune ore per accelerare l'emostasi e ridurre il dolore. Successivamente è bene applicare pomate fibrinolitiche ed eventualmente fasciare con una benda leggermente elastica.

▸ **Distorsioni:** una brusca caduta o un'improvvisa torsione possono provocare una distorsione. Ne conseguono dolore, gonfiore, alterazione apprezzabile dell'articolazione. A seconda della gravità, è bene utilizzare un tutore (cavigliera, ginocchiera, polsino, ecc.) o immobilizzare con una benda elastica. Successivamente, raffreddare la parte con ghiaccio; ciò serve ad alleviare il dolore e a ridurre il gonfiore. Non è da escludere un controllo radiologico, per accertare eventuali rotture dell'articolazione. Non vanno soprattutto sottovalutati gli incidenti domestici; proprio in casa si hanno le conseguenze più gravi. Se invece si è in campo a fare una partita e la distorsione è alla caviglia, è bene restare fermi alcuni minuti; se il dolore non è forte, se non aumenta muovendo la caviglia, se l'articolazione è stabile, allora si può riprendere a giocare. Se invece il dolore permane intenso o, peggio ancora, aumenta muovendo la caviglia, bisogna rinunciare alla partita e ricorrere al medico. Nel frattempo è opportuno continuare ad applicare il ghiaccio.

▸ **Strappi:** gli strappi sono stiramenti eccessivi di una parte della muscolatura; riguardano più facilmente i muscoli lunghi (gamba), sovente in concomitanza a fratture. I sintomi sono dolore improvviso e forte, colorazione livida, gonfiore. Le prime cure da prestare sono: sollevare l'arto dell'infortunato al di sopra del livello del corpo in modo da diminuire il flusso sanguigno; fasciare con benda elastica e applicare ghiaccio. Se l'infortunato si rialza è bene sorreggerlo per evitargli sforzi all'arto colpito. Una radiografia di controllo può essere opportuna.

In caso di infortunio

▸ **Bende elastiche a bassa tensione:** hanno il compito di contenere, proteggere e sostenere la zona che avvolgono. Si utilizzano soprattutto nell'ambiente sportivo in caso di slogature, lussazioni, strappi. Possono essere sostitutive di altri coadiuvanti elastici (cavigliere, ginocchiere ecc.) purché si sappiano applicare correttamente. Nello sport sono impiegate in occasione di contusioni o in alcuni casi di frattura; in flebologia per fasciature contenitive di gambe affette da varici.

▸ **Calze o gambaletti elastici:** sono prodotti in modo tale da effettuare una compressione differenziata nei diversi tratti della gamba. Il loro impiego ha lo scopo di ridurre il ristagno venoso che si va creando in gambe che soffrano di varici o semplicemente arti in cui le valvole venose si siano indebolite; si ha così sollievo e il paziente ha la sensazione di gambe meno "pesanti". Vengono principalmente impiegate in caso di flebiti, trombosi o tromboflebiti, linfedema, trattamenti sclerosanti ecc.

▸ **Cavigliere elastiche e/o termiche:** sono impiegate in occasione di dolori articolari, strappi e distorsioni o per riprendere l'attività sportiva dopo un certo periodo di inattività; svolgono azione di sostegno aiutando il ripristino della normale funzione articolare. Le versioni termiche vengono preferite in caso di disturbi di origine reumatica, infiammazione dei legamenti, gonfiori post traumatici.

▸ **Cinture elastiche e/o termiche:** prevengono il mal di schiena e ne è consigliato l'impiego soprattutto da parte delle persone che svolgono attività molto impegnativa per la loro colonna vertebrale (frequente uso della macchina, impiego di compressori o comunque di apparecchiature che comportino una costante vibrazione). La versione termica è chiaramente più idonea alla stagione invernale o anche in altro periodo dell'anno per le persone che sono soggette a sudare trovandosi facilmente in mezzo a una corrente d'aria.

▸ **Ginocchiere elastiche e/o termiche:** sono impiegate per proteggere ginocchia soggette a reggere carichi articolari in condizioni statiche e dinamiche in modo da mantenere un movimento fisiologico dell'articolazione. In ambiente sportivo, oltre che come preventivo, sono impiegate anche dopo distorsioni o strappi. La versione termica è di utilizzo preferenziale in caso di dolori reumatici e/o articolari, gonfiori post traumatici, contusioni, infiammazione dei legamenti.

▸ **Polsiere elastiche e/o termiche:** sono ampiamente utilizzate nell'ambiente sportivo per prevenire borsiti e tendiniti, e per fornire un sostegno al polso dopo interventi chirurgici o ingessature. Sono normalmente regolabili in modo da modificare la compressione a seconda delle necessità. Le versioni termiche si impiegano quando sia necessario anche l'apporto di calore.

GLOSSARIO

Abduttori: muscoli dell'esterno coscia, necessari per allontanare (abdurre) l'arto dall'asse mediano del corpo.
Adduttori: muscoli dell'interno coscia, necessari per avvicinare (addurre) l'arto all'asse mediano del corpo.
Affondo: spostamento, di varia misura, della gamba in avanti.
Alzate: allontanamento delle braccia dal busto.
Ampiezza del movimento: spazio occupato nello svolgimento di un esercizio; capacità di azione di un'articolazione.
Calf: esercizio di potenziamento dei muscoli dei polpacci, eseguito sulle punte dei piedi.
Crunch: esercizio di potenziamento dei muscoli addominali, con flessione del busto in avanti.
Crunch incrociato: esercizio di potenziamento dei muscoli addominali, con flessione e contemporanea rotazione del busto.
Curls: esercizi di potenziamento della parte posteriore della coscia e dei glutei, eseguiti con la flessione della gamba.
Distensione: allentamento, rilassamento.
Erettore spinale: colonna vertebrale.
Femorali: muscoli di articolazione della coscia e di flessione della gamba; si distinguono in bicipite femorale, nella parte posteriore della coscia, e retto femorale, nella parte anteriore della coscia.
Flessione-torsione del busto: la flessione è il piegamento del busto, la torsione è la rotazione del busto verso destra o sinistra.
Gambe a squadra: gambe a 90°
Gastrocnemio: polpaccio.
In estensione: distensione massima di un arto.
In rotazione interna: movimento di un corpo intorno al proprio asse, verso l'interno.
Leg extensions: esercizio di potenziamento dei muscoli delle cosce (retto femorale soprattutto).
Mantenere il bacino in asse: in linea con la colonna vertebrale.
Mettere in tensione: contrarre.
Piedi a martello: piedi a 90°, con estensione del tallone.
Plie squats: piegamenti sulle gambe con i piedi in fuori.
Press up: piegamenti sulle braccia.
Retroversione del bacino: appiattimento della zona lombare attraverso la rotazione del bacino in avanti.
Soleo: muscolo del polpaccio.
Spingere con le nocche, con i gomiti, ecc.: esercitare una pressione con o sugli stessi.
Squats: piegamenti sulle gambe, ginocchia a 90°, come se ci si sedesse su una sedia bassa.
Tirata: avvicinamento del corpo all'attrezzo.
Trazione: avvicinamento dell'attrezzo al corpo.